講談社 火の鳥 伝記文庫

大空《おおぞら》をとぶ夢《ゆめ》
ライト兄《きょう》弟《だい》

富塚清《とみづかきよし》 文
五十嵐大介《いがらしだいすけ》 絵

はじめに

「鳥《とり》のように空《そら》をとびたい。」

ギリシャ神話《しんわ》の昔《むかし》から、人類《じんるい》は、

大空《おおぞら》へのかぎりない夢《ゆめ》をかきたててきました。

そして、多《おお》くの人《ひと》が実験《じっけん》を重《かさ》ね、

失敗《しっぱい》をくりかえしてきました。

1903年《ねん》12月《がつ》17日《にち》、午前《ごぜん》10時《じ》35分《ぷん》。高《たか》さ3メートル。

距離約《きょりやく》36・6メートル、時間《じかん》12秒《びょう》、場所《ばしょ》キティホーク。

ついに人類《じんるい》が自分《じぶん》の力《ちから》で、空《そら》をつかんだ瞬間《しゅんかん》――。

その人《ひと》たちの名《な》はウィルバーとオービルのライト兄弟《きょうだい》。

兄《あに》は読書《どくしょ》とスポーツ好《ず》き、弟《おとうと》はいたずら好《ず》き。

ある日《ひ》、お父《とう》さんが買《か》ってきた、

小《ちい》さなヘリコプターの模型《もけい》に胸《むね》をおどらせてから、
ふたりは、どのように成長《せいちょう》して、
最初《さいしょ》の飛行機《ひこうき》を発明《はつめい》したのでしょうか。
「より高《たか》く、より速《はや》く、より遠《とお》くへ。」
航空技術《こうくうぎじゅつ》は、この３つを目指《めざ》して、
すばらしい発達《はったつ》をとげました。
そして、いまや超音速《ちょうおんそく》ジェット機《き》から、
宇宙旅行《うちゅうりょこう》の時代《じだい》に入《はい》りました。
ここで飛行機《ひこうき》が誕生《たんじょう》した瞬間《しゅんかん》を
ふりかえってみましょう。
ライト兄弟《きょうだい》の青春《せいしゅん》のすべてがそこにあります。
さあ、物語《ものがたり》がとびたちます。

もくじ

4 かがやく初飛行記録《はつひこうきろく》

I　工作《こうさく》のすきな兄弟《きょうだい》

雪《ゆき》の朝《あさ》のビッグ・ヒル

夜《よる》のうちに、一面《いちめん》にふりつもった雪《ゆき》が、朝日《あさひ》をあびて、きらきらかがやいていま
す。

ビッグ・ヒル（大《おお》きな丘《おか》）は朝早《あさはや》くから大《おお》にぎわい。つめたい北風《きたかぜ》にほおをまっ赤《か》
にほてらせた子《こ》どもたちが、てんでに木《き》のそりに乗《の》って、丘《おか》の上《うえ》からすべりっこして
いるのです。

「だれがいちばん速《はや》くすべりおりるか、競走《きょうそう》だ。」

「ようし、負《ま》けるもんか。それっ、行《い》け。」

合図《あいず》と同時《どうじ》に、ふたりずつ乗《の》ったそりが5〜6台《だい》、いっせいにすべりだしました。

「わあっ、すごい、すごい。」

「エド、しっかりつかまってろ。」

「ジョニー、もっと速《はや》く、速《はや》く。」

子《こ》どもたちはもう夢中《むちゅう》です。わいわい、きゃっきゃっ言《い》う声《こえ》が、青《あお》く晴《は》れた冬空《ふゆぞら》にこだまします。

だが、かじもない旧式《きゅうしき》のそりの悲《かな》しさ、ぶつかる者《もの》、ひっくりかえって雪《ゆき》まみれになる者《もの》、穴《あな》につっこんでストップする者《もの》——たいへんなさわぎです。それがまた、うれしいのです。

こんなようすを、さっきからうらやましそうにながめている、3人《にん》の子《こ》どもがいました。11歳《さい》のウィルバー、7歳《さい》の弟《おとうと》オービル、4歳《さい》の妹《いもうと》キャサリンです。

3人《にん》はみんなのように、自分《じぶん》のそりを持《も》っていません。友《とも》だちがはしゃいですべっているのを、指《ゆび》をくわえて見《み》ているだけです。

「ぼくたちも、そりがほしいなあ。思《おも》いっきりすべってみたいなあ。」

「うん、ほしいねえ。」

「あたしも。」

兄弟《きょうだい》と妹《いもうと》は、つれだって、しょんぼり家《いえ》に帰《かえ》ってきました。

そこは、アメリカの東部《とうぶ》、オハイオ州《しゅう》のデートン市《し》の中心《ちゅうしん》から2・4キロメートルほどはなれた、ホーソーン街《がい》というところです。

そのころ、ようやくにぎやかになりはじめたとはいえ、市《し》の人口《じんこう》が3万《まん》7000人《にん》ぐらいでしたから、デートン市《し》は野原《のはら》あり、森《もり》あり、川《かわ》あり、丘《おか》ありといった、静《しず》かなところです。

ときは1878年《ねん》の冬《ふゆ》。

「おや、どうしたの、3人《にん》ともしょげた顔《かお》をして。友《とも》だちとけんかでもしたの。」

お母《かあ》さんが、仕事《しごと》の手《て》を止《と》めて、たずねました。

「けんかなんかしないよ。つまらないから帰《かえ》ってきちゃったんだ。」

「つまらないって、なにが……。」

「そりだよ。エドだって、ジョニーだって、アルだって、みんな、お父《とう》さんにつくってもらった、自分《じぶん》のそりを持《も》ってるのに……。」

ウィルバーが目《め》をうるませながら言《い》うと、すかさずオービルが、

「ねえ、お母《かあ》さん、ぼくたちにも、そりをつくってくれるように、お父《とう》さんにたのんで。」

「でも、それはむりよ。お仕事《しごと》の都合《つごう》で、お父《とう》さまの留守《るす》の多《おお》いことは、おまえたちもよく知《し》っているじゃありませんか。」

「でも……。」

兄弟《きょうだい》は、不満《ふまん》そうに、口《くち》をとがらせました。

お父《とう》さんのミルトン・ライトは牧師《ぼくし》で、教会《きょうかい》のつとめが主《おも》でしたが、開拓地《かいたくち》をまわって神《かみ》の教《おし》えを説《と》く、巡回牧師《じゅんかいぼくし》もかねていました。で、地方《ちほう》へ旅《たび》に出《で》かけることが多《おお》く、いつも留守《るす》がちなのでした。

そのうえ、教会《きょうかい》の機関誌《きかんし》の主筆《しゅひつ》もしていたので、たまにもどってきても、夜《よる》おそく

まで書《か》きものをしたり、本《ほん》を読《よ》んだりしていて、子《こ》どもの相手《あいて》をする時間《じかん》がないのでした。

「ウィルバー兄《にい》ちゃんなら、きっとつくれるわね。」

小《ちい》さな妹《いもうと》が言《い》いました。

ウィルバーたちの上《うえ》には、ロイヒリンとローリンという兄《にい》さんがいます。ウィルバーとオービルのあいだには、ふたごが生《う》まれていますが、おさないころに、亡《な》くなりました。

つまり、ライト家《け》の子《こ》どもは全部《ぜんぶ》で7人《にん》です。年下《としした》のウィルバーたち3人《にん》は、よくいっしょに遊《あそ》んでいました。

子《こ》どもたちの顔《かお》をながめながら、ちょっと考《かんが》えていたお母《かあ》さんは、やがて、にこっとして、

「どう？　いっそのこと、おまえたちが自分《じぶん》でつくってみたら。」

「えっ、ぼくたちが……。だめだよ。とてもできないよ、むずかしくて。」

「いいえ、できますとも。わたしも手《て》つだうわ。」

「お母《かあ》さん、そりをつくったことあるの。」

「ありませんよ。生《う》まれてはじめてですよ。でもね、なんだって、よく考《かんが》え、力《ちから》を合《あ》わせてやれば、できないことはないはずだわ。」

「ようし、決《き》まった。すぐ物置小屋《ものおきごや》へ行《い》って、板《いた》と大工道具《だいくどうぐ》を持《も》ってこよう。」

にわかに元気《げんき》づいたウィルバーが、弟《おとうと》の手《て》をとってかけだそうとするのを、お母《かあ》さんが止《と》めました。

「待《ま》ちなさい。そのまえに、紙《かみ》とえんぴつを持《も》ってきてちょうだい。それから、ものさしと三角定規《さんかくじょうぎ》もね。」

「どうしてなの。紙《かみ》とえんぴつで、そりがつくれるの。」

「ええ、できますとも。」

ウィルバーは、子《こ》ども部屋《べや》のほうへ行《い》きながら、そっとつぶやきました。

「なあんだ。絵《え》にかいたそりか。どうも話《はなし》がうますぎると思《おも》ったよ。」

正確《せいかく》な図《ず》をかけば

台所《だいどころ》のテーブルを囲《かこ》んで、3人《にん》の子《こ》どもがならびました。お母《かあ》さんが紙《かみ》を広《ひろ》げて、えんぴつをとりました。

「さあ、おまえたちは、どんなそりをつくりたいの。」

「ぼく、エドが持《も》っているようなのがほしいなあ。」

「エドのは何人《なんにん》乗《の》り？」

「ふたり。」

「じゃ、わたしたちのは、3人《にん》乗《の》りにしましょう。たまにはケイトちゃんも乗《の》れるようにね。」

ライト家《け》では、普通《ふつう》はキャサリンをケイトとよんでいます。それは、お母《かあ》さんの名《な》前《まえ》がスーザン・キャサリンで、同《おな》じだったからです。ついでに言《い》うと、ウィルバーはウィル、オービルはオーブとよばれていました。

お母《かあ》さんは、紙《かみ》の上《うえ》にそりの図《ず》をかきながら、話《はな》しつづけました。

「たしか、普通《ふつう》のそりは、長《なが》さが1メートルぐらいでしたね。ええ、それくらいのこと、お母《かあ》さんだって知《し》っていますよ。では、わたしたちのは3人乗《にんの》りだから、1メートル半《はん》にしましょう。」

だんだん形《かたち》づくられていく図《ず》に、ウィルバーたちは、思《おも》わず引《ひ》きこまれて、じっと目《め》をこらしました。できあがったのは、友《とも》だちの持《も》っているのとは、すこしちがっていました。

「このそり、ずいぶんひくいね。」

すると、お母《かあ》さんはわらいながら、

「ウィルは、エドのよりスピードの出《で》るのがほしいんでしょう。」

「そりゃ、もちろんさ。」

「エドのはたぶん、高《たか》さが30センチメートルぐらいだと思《おも》うわ。だから、わたしたち

のは、もっと地面《じめん》に近《ちか》く、ひくくしたの。」

「なぜ？」

「風《かぜ》の抵抗《ていこう》を少《すく》なくするためよ。」

「風《かぜ》の抵抗《ていこう》って、なに？」

「ほら、このあいだ、みんなで森《もり》へピクニックに行《い》ったでしょ。あの日《ひ》は、午後《ごご》から風《かぜ》が出《で》て、帰《かえ》り道《みち》、歩《ある》くのに苦労《くろう》したわね。」

「あ、そうだ。強《つよ》い向《む》かい風《かぜ》を受《う》けて、ぼくたち、なかなか進《すす》めなくて、こまっていたとき、お母《かあ》さんが教《おし》えてくれたね。風《かぜ》の中《なか》に頭《あたま》をつっこむようにして、腰《こし》をかがめなさいって。そうしたら、ずっと歩《ある》きやすくなったね。」

「そうよ。そうすると、体《からだ》が地面《じめん》に近《ちか》くなるから、風《かぜ》の下《した》を通《とお》るようになって、楽《らく》に歩《ある》けるわけ。そりだって同《おな》じつくりよ。これを、風《かぜ》とか空気《くうき》とかの抵抗《ていこう》を少《すく》なくするというの。」

「風《かぜ》の抵抗《ていこう》……空気《くうき》の抵抗《ていこう》……。」

ウィルバーは口《くち》の中《なか》で、なんべんもくりかえしました。

ウィルバーとオービルにとって、おそらくこれがスピードについて教《おそ》わった、はじめての言葉《ことば》だったにちがいありません。

風《かぜ》の抵抗《ていこう》と飛行機《ひこうき》――ずっとあとになって、ふたりが新《あたら》しい空《そら》の世界《せかい》のテープを切《き》ったきっかけは、このとき、生《う》まれたといってもよいでしょう。

「じゃ、お母《かあ》さん、このそりの幅《はば》が、エドのよりずっとせまいのも、風《かぜ》の抵抗《ていこう》を少《すく》なくするためですね。」

「そのとおりよ。さあ、正《ただ》しい長《なが》さと、高《たか》さと、幅《はば》を書《か》きいれましょう。」

「でも、これは紙《かみ》のそりでしょう。」

オービルが言《い》うと、

「紙《かみ》の上《うえ》に正確《せいかく》にかいておけば、つくるときも正確《せいかく》にできますよ。よくおぼえておきなさい。」

お母《かあ》さんが、静《しず》かに言《い》いました。

「紙《かみ》の上《うえ》で正確《せいかく》にかけば、つくったものも正確《せいかく》になる。」

ウィルバーは、胸《むね》の中《なか》でくりかえしました。

兄弟《きょうだい》でも性質《せいしつ》はちがうものです。兄《にい》さんのウィルバーは、考《かんが》え深《ぶか》く、一度《いちど》おぼえたことは、けっしてわすれませんでした。弟《おとうと》のオービルは、心《こころ》と体《からだ》の働《はたら》きがすばしこく、すぐおぼえますが、それをまた、すぐにわすれることが、よくありました。

図面《ずめん》は、すっかりできあがりました。

「さあ、ふたりでそりをつくりなさい。板《いた》は軽《かる》いのをえらびなさい。ふしのあるのはいけませんよ。図面《ずめん》のとおりに、正確《せいかく》な寸法《すんぽう》に合《あ》わせて、注意深《ちゅういぶか》く、のこぎりを使《つか》いなさい。」

「お父《とう》さんの道具《どうぐ》を使《つか》ってもいいの？」

「ええ、特別《とくべつ》にゆるしてあげます。」

「わあ、うれしいな。」

ふたりは物置小屋《ものおきごや》へ走《はし》っていきました。

さっそく、ギーコ、ギーコ、トントン、やりはじめました。

「できたぞ、できたぞ。お母《かあ》さん、見《み》てください。」

3日後《みっかご》、ふたりは小屋《こや》からそりを引《ひ》っぱって、おどるようにやってきました。

「どれどれ。」

お母《かあ》さんもうれしそうに、にこにこしながら、でもきびしく、巻《ま》き尺《じゃく》であちこち測《はか》りました。

「ほんとうに、りっぱにできたこと。図面《ずめん》どおり、寸法《すんぽう》もぴったりね。」

満足《まんぞく》そうに、うなずいていましたが、

「おや、これは……。」

すると、オービルが得意《とくい》そうに言《い》いました。

「ぼくたち、もうひとつ、くふうしたんだ。お母《かあ》さんから聞《き》いた空気《くうき》の抵抗《ていこう》を、ここでもへらさなきゃならないと、すべり面《めん》をやすりでこすり、そこに、ろうをぬって、すべすべにしたんだよ。」

「よく気《き》がついたこと。自分《じぶん》で考《かんが》えることが大切《たいせつ》ね。さあ、ビッグ・ヒルへ行《い》って、ためしてごらん。」

ふたりはよろこびいさんで、そりを引《ひ》っぱっていきました。その上《うえ》には妹《いもうと》のキャサリンが、いつのまにか、ちゃっかりすわりこんでいます。

そりはとんだ

ビッグ・ヒルは、あいかわらず、おおぜいの子《こ》どもたちで、にぎわっていました。友《とも》だち仲間《なかま》のエドもいます。アルも、チョーシーも、ジョニーもいます。

「おうい、ウィルバーにオービル、へんてこなそりを引《ひ》っぱってきたじゃないか。」

「いやに長《なが》っぽそくて、棒《ぼう》みたいだな。」

「乗《の》ったらすぐに、折《お》れてしまうぞ。」

がやがや集《あつ》まってきて、さもおもしろそうに、そりをながめながら、

「だれにつくってもらったんだい。」

「お母《かあ》さんにやり方《かた》を教《おし》えてもらって、ぼくたちがつくったんだ。」

「ははははっ。」

エドが大声《おおごえ》でわらいだすと、ほかの少年《しょうねん》たちも、ばかにしたようにわらいました。

たしかに、ライト兄弟《きょうだい》のそりは、とてもかわっていました。坂《さか》をすべりおりる途中《とちゅう》で、こわれてしまいそうなほど、弱々《よわよわ》しいそりに見《み》えたのです。

「おい、すべりっこしよう。」

アルが言《い》いました。

まだ、ためし乗《の》りはしていませんが、競走《きょうそう》を申《もう》しこまれて、しりごみをするほど、弱虫《よわむし》ではありません。

「よし、1台《だい》にふたりずつだ。」

ウィルバーは、きっぱり答《こた》えました。

丘《おか》の上《うえ》に、4台《だい》のそりがならびました。

「用意《ようい》、ドン。」

いっせいに足《あし》をけって、すべりだしました。

シュッ、シュッ、シュッ！

スピードがついてきました。

見《み》ると、ほかの3台《だい》の乗《の》り手《て》は、いつものように上体《じょうたい》を立《た》てていますが、ライト兄弟《きょうだい》だけは、みょうな姿勢《しせい》です。オービルがそりの上《うえ》に、はらばいになって足《あし》を開《ひら》き、ウィルバーがその上《うえ》に、かぶさるようにしているのです。

「やあやあ、あんな乗《の》り方《かた》じゃ、雪《ゆき》の中《なか》へ顔《かお》をつっこんじまうぜ。」

だが、そんな心配《しんぱい》はいりませんでした。

オービルは、さすような雪《ゆき》の光《ひかり》と、ぶつかる空気《くうき》をはらいのけるのに、懸命《けんめい》でしたが、ウィルバーは、左《ひだり》を見《み》、右《みぎ》を見《み》ました。だれのそりの影《かげ》もありません。後《うし》ろを見《み》ました。いた、いた、みんな10メートルも後《うし》ろを、ばらばらに進《すす》んでいるのです。

「オーブ、こうなったら独走《どくそう》だ。」

スピードは、ますますくわわりました。

シュ、シューッ、シュ、シューッ！

なんという楽《たの》しいひびき、なんというすばらしいそりの歌《うた》。

兄弟《きょうだい》はこれまでに感《かん》じたことのない、不思議《ふしぎ》なスリルと興奮《こうふん》につつまれました。

あっというまに、長《なが》い丘《おか》のふもとがせまってきました。普通《ふつう》なら、このあたりで、ぐんとスピードが落《お》ちて止《と》まるのですが、兄弟《きょうだい》のそりは、ちっとも勢《いきお》いがおとろえません。そのままゴールをすべりこえて、ようやく止《と》まりました。ほかのそりを１００メートルあまりも引《ひ》きはなして。

大勝利《だいしょうり》です。ビッグ・ヒルのそり競走《きょうそう》としては、おどろくほどの新記録《しんきろく》です。

兄弟《きょうだい》はそりからおりたつと、おどりあがって、だきあいました。うれしくて、心《こころ》も体《からだ》もふるえています。

「兄《にい》さん、はらばいになったのがよかったんだね。」

「そうだ。お母《かあ》さんから言《い》われた空気《くうき》の抵抗《ていこう》を思《おも》いだして、やってみたんだが、みごとに成功《せいこう》したね。しかし、勝利《しょうり》の原因《げんいん》は、なんといっても、お母《かあ》さんの設計《せっけい》だよ。」

「うん。正確《せいかく》な図《ず》をかけば、つくったものも正確《せいかく》になる、だったね。ぼくたちのお母《かあ》さんって、ほんとにすばらしいなあ。」

ふたりはもう一度《いちど》、肩《かた》をたたきあいました。

「やあ、負《ま》けた、負《ま》けた。」

「ぼくたち、かぶとをぬぐよ。」

ようやくたどりついたエドたちが、ふたりのまわりに集《あつ》まってきました。みんな興《こう》奮《ふん》して、はあはあ息《いき》を切《き》らしています。

「すごいなあ。きみたちのそりは、丘《おか》をとぶようにすべっていったぜ。」

「そうだよ。ぼくたちは、丘《おか》をとんできたんだ。」

ウィルバーが言《い》いました。

「こんなへんてこなそりが、どうしてあんなに速《はや》く、すべれるんだろう。」

「空気《くうき》の抵抗《ていこう》だよ。」

オービルが得意《とくい》そうに答《こた》えました。

「えっ、空気《くうき》の抵抗《ていこう》……それ、なんのことだい？」

「空気《くうき》の抵抗《ていこう》は、空気《くうき》の抵抗《ていこう》さ。」

みんなは目《め》を白黒《しろくろ》させて、首《くび》をかしげるばかりです。

「兄《にい》ちゃん、あたしも乗《の》せて。」

妹《いもうと》のキャサリンが、ウィルバーの服《ふく》を引《ひ》っぱりました。

「そうそう、わすれていた。ごめん、ごめん。」

ふたりは小《ちい》さい妹《いもうと》を乗《の》せて、もう一度《いちど》、丘《おか》の上《うえ》にのぼり、ゆかいにすべりおりてから、帰《かえ》り道《みち》を急《いそ》ぎました。

「オーブ、考《かんが》えたんだけど、このそりに、かじをつけたいな。そうすれば、右《みぎ》にも左《ひだり》にも、自由自在《じゆうじざい》に進《すす》めるし……。」

「うん、ぼくも同《おな》じこと、考《かんが》えてたんだ。さっそく、お母《かあ》さんに図《ず》をかいてもらおうよ。」

「いや、今度《こんど》は、ぼくたちふたりだけでやってみないか。」

「賛成《さんせい》。お母《かあ》さんをびっくりさせてやろう。」

家《いえ》が近《ちか》づいてきました。3人《にん》は走《はし》りだしました。いっときも早《はや》く、大勝利《だいしょうり》を知《し》らせたかったからです。

「お母《かあ》さん、お母《かあ》さん。」

台所《だいどころ》にとびこむなり、3人《にん》はせきを切《き》ったように、しゃべりだしました。

「ぼくたち、勝《か》ったよ、勝《か》ったよ。エドたちのそりを、100メートルも引《ひ》きなはして……。」

「すばらしかったよ、このそり。町《まち》いちばんのそりだって、大評判《だいひょうばん》さ。みんながつくり方《かた》を教《おし》えてくれってせがむので、ぼくたち、こまっちゃった……。」

「まあ、それはよかったわね。お母《かあ》さんも、とてもうれしいわ。ケイトちゃんも乗《の》せてもらったの。」

「ええ。あんまり速《はや》いので、はじめはちょっとこわかったけど、そのうち、髪《かみ》も、リボンも、シューッと後《うし》ろになびいて、すごくいい気持《きも》ち。まるで、とんでいるみたいだったわ。」

小《ちい》さな妹《いもうと》のなにげなく言《い》った、この言葉《ことば》が、ふいにウィルバーの胸《むね》の中《なか》で、高《たか》くなりひびきました。

（そうだ。ぼくたちのそりは、丘《おか》をすべったのではない。とんだのだ……とんだのだ……とんだのだ……。）

冬《ふゆ》から春《はる》へ

ミルトン・ライト牧師《ぼくし》が、旅《たび》からもどってきたのは、それから二、三日《にち》のちでした。ひと足家《あしいえ》にふみいれると、すぐ、

「お父《とう》さん、お帰《かえ》りなさい。ぼくたちね、すばらしいんだ、すてきなんだ……。」

「ビッグ・ヒルだよ、競走《きょうそう》だよ、新記録《しんきろく》だよ……。」

「あたしも、とんだのよ……。」

3人《にん》の子《こ》どもがばたばたかけよってきて、てんでにしゃべりだしたので、お父《とう》さんはびっくり。わけがわからずに、ぽかんとしていると、そばからお母《かあ》さんが、新《あたら》しいそりをつくったことから、ビッグ・ヒルでの大勝利《だいしょうり》までのあらましを話《はな》しました。

「ほう、そうか、どれどれ。」

コートをぬぐひまもなく、お父《とう》さんは裏庭《うらにわ》へまわって、新式《しんしき》のそりを見《み》ました。

「うむ、なかなかよくできているじゃないか。」

満足《まんぞく》そうに、何度《なんど》もうなずいていましたが、

「それで、お父《とう》さんの大工道具《だいくどうぐ》を使《つか》わせましたよ。」

という、お母《かあ》さんの言葉《ことば》を聞《き》くと、急《きゅう》にまゆをひそめました。

というのは、ミルトン・ライトは、物《もの》をつくるのがすきで、机《つくえ》やいすなどはもちろん、タイプライター（キーをたたいて文字《もじ》を印刷《いんさつ》する機械《きかい》）さえつくったことがありました。で、物置小屋《ものおきごや》にはりっぱな作業台《さぎょうだい》があり、のみやのこぎりなど、さまざまな道《どう》

具《ぐ》は、いつもぴかぴかに手入《てい》れをし、だれにもさわらせなかったのです。

「ウィルたちに、わたしの道具《どうぐ》を使《つか》わせたって？」

お父《とう》さんはそうつぶやくと、むっつりだまりこんだまま、急《いそ》いで物置小屋《ものおきごや》へ入《はい》っていきました。

（こりゃあ、しかられるかもしれないぞ。）

ウィルバーとオービルは、顔《かお》を見《み》あわせました。

お父《とう》さんは、すぐにもどってきました。兄弟《きょうだい》がおそるおそる顔色《かおいろ》をうかがうと、目《め》がわらっています。お父《とう》さんはふたりのほうは見《み》ないで、ほがらかに言《い》いました。

「母《かあ》さん、すぐ食事《しょくじ》にしてくれないか。わたしはおなかがぺこぺこだよ。」

「はいはい。」

お母《かあ》さんは、台所《だいどころ》へとんでいきました。

まもなく、ひさしぶりに家族《かぞく》みんながテーブルを囲《かこ》みました。湯気《ゆげ》の立《た》つスープ、手《て》づくりのパン、たっぷりもったサラダ……。

「わたしは、子《こ》どもたちが、もう道具《どうぐ》をちゃんと使《つか》いこなせる年《とし》ごろになったと思《おも》ったのですよ。」

お母《かあ》さんが言《い》いました。

すると、お父《とう》さんはにっこりして、

「さすがに、母《かあ》さんはよく見《み》ているね。そのとおり、ウィルたちは、使《つか》ったあとの道《どう》具《ぐ》の手入《てい》れも、りっぱにやってのけたよ。」

「じゃ、ぼくたち、お父《とう》さんの道具《どうぐ》を使《つか》ってもいいんですか。」

ウィルバーがせきこんで言《い》うと、

「いいとも。だが、けがをしないようにな。」

「わあっ、うれしい。ぼくたち、あのそりに、かじをつけたいと考《かんが》えていたんだ。兄《にい》さん、さっそくやろうよ。」

オービルがいすからはねあがりました。

「やるとも。ぼくはほかにも、いろいろつくりたいものがあるんだ。」

ウィルバーも手《て》をたたきました。

お父《とう》さんは、ふたりのようすをほほえみながらながめていましたが、

「だが、どうやってかじをつくるんだね。」

「ぼくたち、昨日《きのう》の夜《よる》、おそくまでかかって、図《ず》をかいたんです。ヒントは学校《がっこう》の本《ほん》で見《み》たボートの絵《え》からなんです。」

そう言《い》うと、ウィルバーは勉強部屋《べんきょうべや》へ走《はし》っていって、1枚《まい》の紙《かみ》を持《も》ってきました。

見《み》ると、柄《え》のついた木《き》のかじを、ふたつの鉄《てつ》の輪《わ》でそりの後《うし》ろにとりつけるようになっています。寸法《すんぽう》も細《こま》かく書《か》きこんであります。

「ほう、おまえたちは、母《かあ》さんから絵《え》と算数《さんすう》の才能《さいのう》を受《う》けついだらしいな。」

お父《とう》さんの言葉《ことば》に、ウィルバーは、得意《とくい》そうに言《い》いました。

「紙《かみ》の上《うえ》で正《ただ》しくかけば、つくったときも正確《せいかく》にできます。」

すると、オービルがすぐ口《くち》をはさみました。

「だけど、ぼくたち、何度《なんど》も何度《なんど》もかきなおして、すっかりくたびれちゃったあ。」

「ははははは。それで、鉄《てつ》の輪《わ》はどこから手《て》に入《い》れるつもりだね。」

「カモジーさんのところで。」

「くず鉄屋《てつや》のカモジーさんかね。」

「ええ、もらう約束《やくそく》をしたんです。そのかわり、冬《ふゆ》が終《お》わったら、ぼくたち、カモジーさんのところではたらくことにしたんです。ほうぼうの家《いえ》をまわって、くず鉄《てつ》を集《あつ》めるんです。」

「そりゃよいことだ。しっかりやりなさい。」

それから二、三日《にち》、ウィルバーは学校《がっこう》から帰《かえ》ると、オービルといっしょに、トントン、コンコンやっていました。ふたりは工作《こうさく》の仕事《しごと》が楽《たの》しくて楽《たの》しくてたまらないようで、物置小屋《ものおきごや》からは、明《あか》るい口笛《くちぶえ》がたえまなくもれていました。

お母《かあ》さんはまた、それがうれしくて、ときどき、洗濯《せんたく》の手《て》を休《やす》めては、にこにこと聞《き》きいりました。

さあ、かじつきそりのできあがりです。ふたりがビッグ・ヒルへ引《ひ》っぱっていくと、友《とも》だちがわいわいよってきました。

「おや、今度《こんど》はへんなものをくっつけてきたな。」

「なんだい、それは。」

「つくり方《かた》を教《おし》えてくれよ。」

さすがに今度《こんど》は、わらう者《もの》はひとりもいません。ライト兄弟《きょうだい》のくふうと工作《こうさく》の腕前《うでまえ》を、みんなはもう知《し》っているからです。

ウィルバーがかじの柄《え》をにぎって、そりは風《かぜ》のように速《はや》く、丘《おか》をすべりはじめました。

ウィルバーがかじを回《まわ》すと、そりは左《ひだり》へ曲《ま》がりました。もう一度《いちど》回《まわ》すと、そりは右《みぎ》へ曲《ま》がりました。まるでボートをあやつるように、自由《じゆう》に動《うご》きます。

「すごいぞ、すごいぞ。」

思《おも》わず、どっと声《こえ》があがり、拍手《はくしゅ》があらしのように起《お》こりました。

そりは、丘《おか》の下《した》に、ぴたりと止《と》まりました。

そのとき、兄弟《きょうだい》はほのかな土《つち》のかおりをかぎました。地上《ちじょう》はまだ雪《ゆき》におおわれ、木々《きぎ》ははだかでふるえていますが、こずえの芽《め》がふくらんでいるのが感《かん》じられました。

はたして、それから二、三日《にち》すると、雨《あめ》がふりはじめ、1週間《しゅうかん》もふりつづきました。雨《あめ》は日《ひ》ごとにあたたかくなって、こおった大地《だいち》をうるおし、雪《ゆき》どけ水《みず》で川《かわ》の音《おと》が高《たか》くなりました。

ようやく冬《ふゆ》が終《お》わりをつげ、春《はる》がおとずれてきたのです。

こんな季節《きせつ》は、遊《あそ》びざかりの少年《しょうねん》には、たいくつです。しかし、今年《ことし》からのライト兄弟《きょうだい》は、たいくつどころではありません。ひまさえあれば物置小屋《ものおきごや》にこもって、なにやらつくっています。そのときのふたりの顔《かお》は幸福《こうふく》にかがやいていました。

こんなわが子《こ》のようすを、牧師《ぼくし》のお父《とう》さんは、たのもしそうに、けれど、ちょっぴりさびしそうに、ながめていました。

「母《かあ》さん、どうやら、あのふたりは、わたしのあとつぎには向《む》かないようだな。」

「まだ、わかりませんよ。でも、たとえつがなくてもいいじゃありませんか。人間《にんげん》は、あたえられた才能《さいのう》をいかして、それぞれ自分《じぶん》の道《みち》を進《すす》むのが、いちばんいいのですから。」

お母《かあ》さんのスーザン・キャサリン・ライトがきっぱり言《い》いました。

この夫婦《ふうふ》は、たがいに深《ふか》く愛《あい》しあってはいましたが、性格《せいかく》はだいぶちがっていました。どうちがっていたか。ライト兄弟《きょうだい》は、その才能《さいのう》を、どちらのほうから多《おお》く受《う》けついだのでしょうか。

それを知《し》るために、ライト家《け》の成《な》り立《た》ちをお話《はな》ししましょう。

この父《ちち》、この母《はは》

ライト家《け》の祖先《そせん》は、もとイギリスのエセックスというところの人《ひと》で、1636年《ねん》にアメリカにわたってきました。職業《しょくぎょう》はキリスト教《きょう》の司祭《しさい》（儀式《ぎしき》をつかさどる人《ひと》）です。

この人《ひと》から数《かぞ》えて6代目《だいめ》の、ダン・ライトという人《ひと》が、ウィルバーたちのおじいさんにあたります。

ダン・ライトは、そのころはまだ、ときどきネイティブ・アメリカン（アメリカ先《せん》住民《じゅうみん》）とのうち合《あ》いがあった、ぶっそうな土地《とち》、オハイオ州《しゅう》のセンタービルというところで、酒《さけ》づくりの仕事《しごと》をしていました。

そんな関係《かんけい》から、同《おな》じ土地《とち》で酒場《さかば》をやっていた人《ひと》の娘《むすめ》と、結婚《けっこん》しました。オランダ系《けい》の人《ひと》で、この人《ひと》がウィルバーたちのおばあさんにあたります。

ウィルバーたちの父《ちち》、ミルトン・ライトは、このふたりの間《あいだ》に生《う》まれましたが、それから5年《ねん》のち、ダンおじいさんは、酒《さけ》づくりの仕事《しごと》を、ぷっつりやめてしまいました。

「酒《さけ》は人間《にんげん》の害《がい》になる。」

と、強《つよ》く感《かん》じたからです。

自分《じぶん》も酒《さけ》を飲《の》むことをきっぱりやめたばかりでなく、酒《さけ》をつくるための穀物《こくもつ》を売《う》ることも、がんとして、承知《しょうち》しなかったそうです。

それからのちは、神《かみ》をうやまい、読書《どくしょ》をし、ものを考《かんが》える日々《ひび》を送《おく》りましたが、この強《つよ》い宗教心《しゅうきょうしん》と、いったん思《おも》いつめたら、どこまでもやりとおす性質《せいしつ》が、ミルトン・ライトにつたわったのでした。

ミルトン牧師《ぼくし》が、物《もの》をつくることがすきだったことは、まえに書《か》いたとおりですが、それよりも、きれいな英語《えいご》で話《はなし》をしたり、文章《ぶんしょう》を書《か》くほうが、ずっとすきでした。しかし、どうやら、この才能《さいのう》は、ウィルバーたちにはつたわらなかったようです。

では、なにがどこからつたわったのでしょうか。それは、お母《かあ》さんのほうからです。

お母《かあ》さんのスーザン・キャサリン・ケルナーの祖先《そせん》は、ドイツのシュライイツというところの近《ちか》くで、荷車《にぐるま》づくりの仕事《しごと》をしていました。

ところが、ナポレオンのひきいるフランス軍《ぐん》とプロシア（ドイツ）軍《ぐん》との間《あいだ》で、はげしい戦争《せんそう》が起《お》こり、戦火《せんか》がせまってきました。

「ああ、戦争《せんそう》はいやだ。家族《かぞく》がやすらかにくらせるところはないか。」

ケルナー一家《いっか》は、自由《じゆう》と平和《へいわ》の天地《てんち》をもとめて、祖国《そこく》をのがれ、アメリカにわたってきました。

そこは、インディアナ州《しゅう》のユニオン・カウンティーというところで、ここで、ふたたび車《くるま》づくりを始《はじ》めました。この人《ひと》がすばらしい腕《うで》の持《も》ち主《ぬし》で、畑仕事《はたけしごと》に使《つか》う運搬車《うんぱんしゃ》だけでなく、りっぱな乗用馬車《じょうようばしゃ》もたくさんつくりました。

この腕《うで》のよいところが、娘《むすめ》のスーザンにつたわり、さらにウィルバーたちにつたわった、といってよいでしょう。

ミルトン・ライトとスーザン・キャサリンは、ハーツビルという町《まち》の小《ちい》さな大学《だいがく》で、いっしょに勉強《べんきょう》しているうちに、親《した》しくなって、結婚《けっこん》しました。

子《こ》どもがつぎつぎに生《う》まれたことは、まえに書《か》いたとおりですが、ここには、ライト兄弟《きょうだい》だけをしるしておきましょう。

ウィルバー・ライト　１８６７年生《ねんう》まれ
オービル・ライト　１８７１年生《ねんう》まれ

子《こ》どもたちは、お母《かあ》さんにつれられて、ケルナーおじいさんのところをおとずれることが、たびたびありました。

おじいさんの家《いえ》には、木工旋盤《もっこうせんばん》があります。太《ふと》いのや、細《ほそ》いのや、さまざまな木《き》をくるくる回《まわ》し、それに刃物《はもの》をあてがうと、シュルシュルと木《き》くずがテープのようにおどりだし、みるみるうちに、丸《まる》くけずられていきます。

(まるで、まほうのようだな。)

そう思《おも》いながら、あかずにながめていると、ケルナーおじいさんは、にこにこしながら、

「どうだ、ぼうず、おもしろいか。いまに、わしがみっちり教《おし》えこんで、りっぱな車《くるま》職人《しょくにん》にしてやるぞ。」

などと言《い》いました。

この木工旋盤《もっこうせんばん》こそ、おさないライト兄弟《きょうだい》が、はじめて見《み》た機械《きかい》でした。さわろうとしても、あぶないからだめだと、けっしてさわらせてはもらえませんでしたが、

「その不思議《ふしぎ》な働《はたら》きは、年《とし》がたつにつれて、ますますあざやかによみがえり、ぼくたちを工作《こうさく》に夢中《むちゅう》にさせるもとになった。」

と、のちにオービルが思《おも》い出《で》を語《かた》っています。

さて、ドイツの女《おんな》の人《ひと》は働《はたら》き者《もの》だといわれていますが、お母《かあ》さんのキャサリンは、そのかたまりのような人《ひと》でした。

くらしのやりくりはもちろん、台所仕事《だいどころしごと》もひとりで引《ひ》きうけ、そのうえ、夫《おっと》や子《こ》どもの服《ふく》のつくろいから新調《しんちょう》までも、てきぱきとやってのけました。

また、家中《いえじゅう》の者《もの》の理髪《りはつ》、道具《どうぐ》などの修理《しゅうり》、夫《おっと》の雑誌《ざっし》の編集《へんしゅう》の手《て》つだいもします。

けれど、そのやり方《かた》は、すこしかわっていました。たとえば、子《こ》どもがおもちゃかなにかをこわしたときなど、

「さあ、どうすれば直《なお》るか、考《かんが》えてごらんなさい。くふうすれば、あなた自身《じしん》にもで

きるはずです。」

といったぐあいです。

子《こ》どもがいきなり放《ほう》りだして、

「ねえ、直《なお》してえ。」

などと言《い》ったりすることを、けっしてゆるしませんでした。

これは、キャサリンが自分《じぶん》の力《ちから》でつくったり、直《なお》してやれる頭《あたま》の働《はたら》きと、腕《うで》とをもっていたからで、それがライト家《け》のやり方《かた》になっていったのでしょう。

「お母《かあ》さんはね、大学《だいがく》では数学《すうがく》がいちばん得意《とくい》だったのよ。」

お母《かあ》さんのキャサリンはよくこう言《い》って、むずかしい方程式《ほうていしき》や、幾何《きか》などの問題《もんだい》を、すらすらと解《と》いてみせました。

ライト兄弟《きょうだい》は、このお母《かあ》さんの資質《ししつ》を、強《つよ》く受《う》けついで、育《そだ》ったのです。

それともうひとつ。

ライト兄弟《きょうだい》が生《う》まれ、育《そだ》ったころは、イギリスに始《はじ》まった産業革命《さんぎょうかくめい》が、アメリカにもおしよせ、人《ひと》びとの生活《せいかつ》のなかに、機械《きかい》が入《はい》ってきた時代《じだい》です。

ジェームス・ワットの蒸気機関《じょうききかん》の発明《はつめい》と改良《かいりょう》。

ジョージ・スチーブンソンの蒸気機関車《じょうききかんしゃ》の実用化《じつようか》。

フルトンの蒸気船《じょうきせん》の発明《はつめい》。

ベルの電話機《でんわき》の発明《はつめい》。

エジソンの蓄音機《ちくおんき》の発明《はつめい》。

こう書《か》いてくると、人間《にんげん》の長《なが》い歴史《れきし》のうえで、大《おお》きな進歩《しんぽ》をとげた、科学《かがく》の時代《じだい》の夜明《よあ》けであったことがわかるでしょう。

人《ひと》びとは機械《きかい》のもつおどろくほどの力《ちから》に目《め》をみはり、くふうをこらし、それを産業《さんぎょう》に利用《りよう》しようと、新《あたら》しい発見《はっけん》と発明《はつめい》が、つぎつぎにあらわれました。

また、アメリカでは、ウィルバーの生《う》まれる2年《ねん》まえに南北戦争《なんぼくせんそう》［1］が終《お》わり、人《ひと》びとはフロンティア（新天地《しんてんち》）をもとめて、西部《せいぶ》へ、西部《せいぶ》へと、ほろ馬車《ばしゃ》をつらね、新《あたら》しい土地《とち》に住《す》みつき、そこを切《き》りひらきました。

この人《ひと》びとは、家柄《いえがら》や祖先《そせん》からの財産《ざいさん》をあてにせず、ライフルと、おの、勇気《ゆうき》と決断《けつだん》とで町《まち》をつくりました。

人《ひと》びとは活力《かつりょく》にあふれていました。この活力《かつりょく》は子《こ》どもたちの心《こころ》にもつたわり、遊《あそ》びのなかにも機械《きかい》が入《はい》ってきました。

ライト兄弟《きょうだい》をとりまく世界《せかい》は、まさにこのようなものだったのです。

くず鉄《てつ》を集《あつ》めに

春《はる》がめぐってきました。

雪《ゆき》はすっかり消《き》えて、黒々《くろぐろ》とあらわれた大地《だいち》からは、かげろうがゆらゆら立《た》ちのぼりはじめました。ねこやなぎが銀色《ぎんいろ》に光《ひか》り、やがて、つばめもやってくるでしょう。

ウィルバーとオービルは、1週間《しゅうかん》まえから物置小屋《ものおきごや》にこもって、また、なにやらつくっています。のこぎりで木《き》を切《き》ったり、かんなでけずったり、どうやら、箱《はこ》のようです。

「オーブ、弱《よわ》ったな。どうしようか、木《き》の車輪《しゃりん》じゃだめだと思《おも》うよ。」

「うん。すぐこわれてしまうからね。といって、鉄《てつ》の車輪《しゃりん》を買《か》うお金《かね》はないし……。」

「いいこと思《おも》いついた。カモジーさんのところへ行《い》こう。」

「どうするの。」

「あそこには、くず鉄《てつ》の山《やま》があるだろう。このあいだ見《み》たとき、たしか三輪車《さんりんしゃ》のこわれたのが2台《だい》あったよ。あれをもらって、修理《しゅうり》をすれば使《つか》えると思《おも》うんだ。」

「それはいい考《かんが》えだ。それに、これはカモジーさんのための仕事《しごと》なんだからね。」

兄弟《きょうだい》はさっそく、くず鉄屋《てつや》のカモジーさんのところへ行《い》きました。


［1］1861年《ねん》、アメリカの南部《なんぶ》と北部《ほくぶ》の間《あいだ》で起《お》こった戦争《せんそう》。どれいを使《つか》い発展《はってん》した南部《なんぶ》は、商工業者《しょうこうぎょうしゃ》が自由《じゆう》に貿易《ぼうえき》できるよう主張《しゅちょう》した。これに対《たい》して、北部《ほくぶ》はどれい制度《せいど》をやめ、国《くに》が貿易《ぼうえき》を制限《せいげん》するよう主張《しゅちょう》した。1865年《ねん》、北部《ほくぶ》が勝利《しょうり》して、戦争《せんそう》は終《お》わった。

というのは、冬《ふゆ》のあいだに、カモジーさんと約束《やくそく》したことがあるのです。カモジーさんは、いつも、がらくたが積《つ》んである広場《ひろば》ではたらいています。折《お》れたくぎ、使《つか》いふるしたねじ、こわれた三輪車《さんりんしゃ》など、あらゆる種類《しゅるい》のものがあります。カモジーさんは、大《おお》きな袋《ふくろ》をかついで、近《ちか》くの農家《のうか》をまわり、いらなくなったものを買《か》いとって、くらしているのです。

「馬車《ばしゃ》か荷車《にぐるま》があったら、もっと遠《とお》くの農家《のうか》までまわれて、かせぎも大《おお》きくなるのだがなあ。」

いつか遊《あそ》びにいったとき、カモジーさんがため息《いき》をつきながら、言《い》ったことがありました。そこで、兄弟《きょうだい》は、自分《じぶん》たちが荷車《にぐるま》をつくって、ふたりで農家《のうか》をまわり、はたらこうと決心《けっしん》したのです。

くずといっても鉄《てつ》ですから、木《き》の車輪《しゃりん》では、運《はこ》ぶのに骨《ほね》が折《お》れます。どうしても金物《かなもの》の重《おも》さをささえる強《つよ》さが必要《ひつよう》です。それには鉄《てつ》の輪《わ》でなければなりません。

ウィルバーの言《い》ったとおり、古《ふる》ぼけて、ひんまがった三輪車《さんりんしゃ》が、雨《あま》ざらしになって

いました。ふたりがわけを話《はな》してたのむと、カモジーさんは、にこにこして、

「いいとも、いいとも、持《も》っていきなさい。しかし、車輪《しゃりん》をとりつけるって、どうやるのかな。」

「まず、図《ず》をかきます。」

ウィルバーが言《い》うと、ちょっとびっくりしたように、

「えっ、図《ず》をかくんだって?」

「ええ、そうです。お母《かあ》さんは服《ふく》を縫《ぬ》うとき、そのまえに型紙《かたがみ》をつくります。型紙《かたがみ》が正《ただ》しくかければ、できあがった服《ふく》も、ぴったり体《からだ》に合《あ》います。それと同《おな》じです。」

「ほう。」

カモジーさんは、しばらく考《かんが》えこんでいましたが、

「そのとおりだ、ぼうや。わしもいまでは、くず鉄屋《てつや》をやっているが、わかいころから機械《きかい》がすきでね。いろいろ勉強《べんきょう》したものさ。きみたち、自転車《じてんしゃ》を知《し》っているだろう。あれだって、はじめからあんなに軽《かる》くて、スマートなものじゃなかった。重《おも》い木《き》

の車輪《しゃりん》と、あつい鉄《てつ》のタイヤをつけて、『ガタガタ車《しゃ》』とよばれていたのさ。まったく、骨《ほね》にまでひびくほど、ガタガタしたんだよ。」

「ふうん。」

「それから、あるフランス人《じん》が、軽《かる》い自転車《じてんしゃ》の研究《けんきゅう》を始《はじ》めたんだ。まず、机《つくえ》に向《む》かって、図《ず》をかいてみた。これをもとにして、軽《かる》い金属《きんぞく》を使《つか》い、車輪《しゃりん》にはじょうぶなゴムのタイヤをはりつけた。すると、『ガタガタ車《しゃ》』の半分《はんぶん》しか重《おも》さがなかった。そして、ずっと速《はや》く走《はし》れるようになったのさ。」

「スポーク〔2〕はどうしたの？」

「そのときのスポークは、まだ、木《き》だったな。」

「いまのは、針金《はりがね》だね。」

カモジーさんはうなずいて、

「それを考《かんが》えたのは、もうひとり、今度《こんど》はアメリカ人《じん》だ。もっと軽《かる》く、もっとじょうぶにしようと、針金《はりがね》のスポークのある自転車《じてんしゃ》の図《ず》をかいた。できあがった結果《けっか》はぴったり、10倍《ばい》の重《おも》さのものを、らくらくと運《はこ》べるようになったのさ。

さあ、きみたちの荷車《にぐるま》も、正《ただ》しくつくれば、10倍《ばい》の重《おも》さのものを運《はこ》べるはずだよ。このおんぼろ三輪車《さんりんしゃ》を家《いえ》へ持《も》ってかえって、やってごらん。わしが、太《ふと》い針金《はりがね》と、心《しん》棒《ぼう》（軸《じく》）につける油《あぶら》をあげるから、くふうしてごらん。」

ウィルバーとオービルは、よろこびいさんで、三輪車《さんりんしゃ》を引《ひ》きずりながら、大急《おおいそ》ぎで帰《かえ》りました。

すぐに物置小屋《ものおきごや》に入《はい》って、曲《ま》がった車輪《しゃりん》をたたいて直《なお》し、荷車《にぐるま》につけました。ちょうどそこへ、お母《かあ》さんが入《はい》ってきたので、オービルが言《い》いました。

「どう、すてきでしょう。」

ところが、お母《かあ》さんはひと目見《めみ》るなり、首《くび》をふりました。


［2］車輪《しゃりん》の軸《じく》と輪《わ》をつなぐ部品《ぶひん》。軸《じく》から放射状《ほうしゃじょう》にのびる細《ほそ》い棒《ぼう》。

「まさつが多《おお》すぎます。」

「まさつ?」

はじめて聞《き》く言葉《ことば》です。ふたりはこまってしまいました。

「2本《ほん》の棒《ぼう》をこすりあわせてごらんなさい——それがまさつです。長《なが》い時間《じかん》こすりあわせていると、どうなりますか?」

「すり切《き》れてしまいます。」

「そのとおり。この車輪《しゃりん》の中心《ちゅうしん》は、心棒《しんぼう》にぴったりはまりすぎていますよ。まさつが多《おお》すぎて、心棒《しんぼう》はすぐだめになってしまいます。まさつを全部《ぜんぶ》なくすことはできませんが、少《すく》なくすることはできます。心棒《しんぼう》の先《さき》と、車輪《しゃりん》の中心《ちゅうしん》の内側《うちがわ》をよくみがいて、スピンドル油《ゆ》をたくさんつけなさい。」

苦心《くしん》の荷車《にぐるま》は、2日《ふつか》のちにできあがりました。

兄弟《きょうだい》はそれを引《ひ》っぱって、遠《とお》くまで出《で》かけていきました。

「いらないくず鉄《てつ》はありませんか。」

「がらくた屋《や》でございい。」

春《はる》は大《おお》そうじの季節《きせつ》です。どこの家《いえ》でも、1年《ねん》のうちにたまった古金物《ふるかなもの》を屋根裏《やねうら》や物置《ものおき》から引《ひ》っぱりだしてきてくれます。荷車《にぐるま》はたちまち、いっぱいになりました。

ところで、11歳《さい》のウィルバーと、7歳《さい》のオービルが、こうして毎日《まいにち》、くず鉄集《てつあつ》めをするのを、お父《とう》さんのミルトン・ライトや、お母《かあ》さんのキャサリンは、どう考《かんが》えていたのでしょうか。

世《よ》の中《なか》には、子《こ》どもがこういうことをすることをみっともないとか、はずかしいと思《おも》う親《おや》がいるかもしれません。

しかし、ウィルバーとオービルの両親《りょうしん》は、「子《こ》どもが自分《じぶん》から進《すす》んでやることなら、それが悪《わる》いことでないかぎり、やらせるべきだ。」という考《かんが》えでした。

それに当時《とうじ》のアメリカでは、はたらくことは、たとえ子《こ》どもでも、ちっともはずかしいことではなく、はたらいておこづかいをもらうことは、むしろとうとばれていました。

「きみたち、よくはたらいてくれたな。さあ、これをあげよう。」

カモジーさんは、1週間《しゅうかん》ごとにお金《かね》をくれました。

生《う》まれてはじめて、自分《じぶん》であせをかき、油《あぶら》まみれになってかせいだお金《かね》。兄弟《きょうだい》はしっかりにぎりしめると、キャンディーストアへ走《はし》っていって、あめを買《か》いました。舌《した》にとろけて広《ひろ》がるあまいかおり。

夢中《むちゅう》で食《た》べおわって、ふたりは顔《かお》を見《み》あわせました。

「あめって、おいしいけれど、すぐになくなってしまうんだなあ。」

「せっかくはたらいてかせいだのに、これじゃもったいないや。」

「では、どうしたらいい？」

「工作《こうさく》の道具《どうぐ》を買《か》おうよ。すこしずつ買《か》いためて、ぼくたちの工作室《こうさくしつ》をつくろうよ。」

「賛成《さんせい》。お父《とう》さんの道具《どうぐ》ばかり使《つか》っては悪《わる》いからね。」

それからふたりは、かせいだお金《かね》で、かなづちや、のこぎりや、万力《まんりき》（工作物《こうさくぶつ》をはさんで固定《こてい》する道具《どうぐ》）などをすこしずつ買《か》いととのえ、夏《なつ》までには、あらかたの道具《どうぐ》をそろえてしまいました。

ふたりだけの工作室《こうさくしつ》。といっても、そこは物置小屋《ものおきごや》のかたすみですが、ふたりにとっては、なにものにも勝《まさ》る城《しろ》でした。

おみやげのヘリコプター

人間《にんげん》は一生《いっしょう》のあいだに、その生《い》き方《かた》を決《き》めるきっかけに、幾度《いくど》か出合《であ》うものです。

ライト兄弟《きょうだい》に、そのはじめてのきっかけがおとずれたのは、1878年《ねん》、ウィルバーが11歳《さい》、オービルが7歳《さい》のときでした。

「今日《きょう》は、お父《とう》さまが帰《かえ》っていらっしゃる日《ひ》よ。」

お母《かあ》さんは、朝《あさ》から何度《なんど》も、この言葉《ことば》をくりかえしています。もちろん、子《こ》どもたちも、胸《むね》をわくわくさせて待《ま》っています。

ミルトン・ライトは、まえの年《とし》、同胞教会《どうほうきょうかい》の牧師《ぼくし》として、アイオワ州《しゅう》のセダーラピッズというところへ行《い》き、1年《ねん》ぶりに帰《かえ》ってくるのです。

「おうい、いまもどったぞ。」

昼《ひる》すぎ、なつかしい声《こえ》を聞《き》くと、子《こ》どもたちは、「わあっ。」と、喜《よろこ》びの声《こえ》をあげて、とびだしていきました。

「おいおい、そんなにぶらさがっちゃ、おみやげがつぶれてしまうよ。」

「えっ、おみやげって、なに、なに?」

「さあ、なんだろうな。はい、ケイトちゃんにはお人形《にんぎょう》……。」

「まあ、うれしい。あたし、ほしくてほしくて、たまらなかったの。」

「ぼくたちのは?」

「開《あ》けてごらん。」

兄弟《きょうだい》は、お父《とう》さんから大《おお》きなつつみをもらうと、さっそく開《ひら》きました。箱《はこ》の中《なか》から出《で》てきたものは、なんでしょう。おもちゃにはちがいありませんが、光《ひか》った羽《はね》のような、みょうな形《かたち》をしていて、まるで見当《けんとう》がつきません。

ふたりが首《くび》をひねっていると、お父《とう》さんがとりあげて、空中《くうちゅう》でぱっと手《て》をはなしました。すると、それは、鳥《とり》のようにパタパタと天井《てんじょう》に舞《ま》いあがり、やがて、ゆっくりと下《した》におりはじめ、そして、床《ゆか》に落《お》ちました。

手《て》にとってよく見《み》ると、竹《たけ》と紙《かみ》とでつくった2枚《まい》のプロペラが上《うえ》と下《した》にあり、それがひとつのゴムバンドで、たがいにちがった方向《ほうこう》に回《まわ》るしかけになっている、かんたんなものです。しかし、空《そら》をとべるのは、ちょうや鳥《とり》しかいないと思《おも》いこんでいた兄《きょう》弟《だい》は、おどろきの目《め》でそれを見《み》つめました。

（人間《にんげん》がつくったおもちゃでも空《そら》をとべる。）

言葉《ことば》では言《い》いあらわせないある感動《かんどう》が、じいんと、胸《むね》のおくにひびいてくるのを感《かん》じました。このときの感動《かんどう》を、ふたりは一生《いっしょう》わすれませんでした。

それは、フランスのわかい発明家《はつめいか》、アルフォンス・ペノーが9年《ねん》まえに考《かんが》えだした、おもちゃのヘリコプターでした。

ペノーは飛行《ひこう》についてのすべての問題《もんだい》にとりくんだ天才《てんさい》ですが、世《よ》の中《なか》からみとめ

られず、とうとうお金《かね》がなくなって、1880年《ねん》に自殺《じさつ》してしまいます。しかし、プロペラを回《まわ》すために、ねじったゴムバンドを使《つか》うことを考《かんが》えた、最初《さいしょ》の人《ひと》でした。

「さあ、オーブも、ケイトちゃんもおいで。」

ウィルバーが外《そと》へとびだしていきました。

2枚《まい》のプロペラをつないでいるゴムバンドをまいて、ぱっとはなすと、ブルルーン、ヘリコプターは、まっすぐにあがっていきました。

「わあ、とんだ、とんだ。」

「2階《かい》の屋根《やね》まで高《たか》くとんだね。」

「すてきね。まるで生《い》きてるこうもりみたい。」

「そうだ。このヘリコプターに、バット（こうもり）って名《な》をつけよう。」

3人《にん》がかわるがわるとばして、大声《おおごえ》でさわいでいると、なにごとが起《お》こったのかと、近所《きんじょ》の人《ひと》たちが出《で》てきました。

「まあ、なんでしょう。」

「竹《たけ》と紙《かみ》でつくったおもちゃですってよ。」

「ライトさんもものの好《ず》きね。これ、ずいぶんお高《たか》いんでしょう。まあ、50セントもしたんですか。それだけあれば、子《こ》どものシャツや、くつが1足《そく》買《か》えますのにね。」

「すぐこわれてしまいますよ。」

こんな陰口《かげぐち》は、お父《とう》さんやお母《かあ》さんの耳《みみ》にも入《はい》りました。が、ふたりは平気《へいき》です。けれど、ひとつだけ当《あ》たったことがあります。

ウィルバーたちは二、三日《にち》のあいだ、友《とも》だち仲間《なかま》の人気者《にんきもの》でしたが、おもちゃのヘリコプターは、すぐにこわれてしまいました。

「よし、バット2号《ごう》をつくろう。」

兄弟《きょうだい》は、おもしろがって、ただとばしていたのではなく、ヘリコプターのしかけをよく観察《かんさつ》していました。で、こわれた1号《ごう》をばらばらにして、正確《せいかく》な図《ず》をかきました。材料《ざいりょう》はかんたんですから、バット2号《ごう》はすぐにできあがりました。つづいて3号《ごう》、4号《ごう》……兄弟《きょうだい》の目《め》は、しぜんに大空《おおぞら》に向《む》けられました。

「オーブ、このヘリコプターの大《おお》きなのをつくって、それに乗《の》って空《そら》をとんだら、ゆかいだろうなあ。」

「なんだ、兄《にい》さんも同《おな》じこと考《かんが》えていたのか。ぼくも、バットをとばすたんびに、とびたいなあって思《おも》ってたんだ。」

「あら、兄《にい》さんたら、空《そら》をとびたいだなんて、夢《ゆめ》みたいだわ。」

妹《いもうと》のキャサリンが、くすくすわらいました。

だが、それは、夢《ゆめ》でしょうか。たしかに、夢《ゆめ》の中《なか》でなら、空《そら》をとぶこともできます。しかし、現実《げんじつ》には……。ただ、兄弟《きょうだい》が真剣《しんけん》に、「とびたいなあ。」と思《おも》ったのは、このときがはじめてだということです。

夢《ゆめ》――それは消《き》えやすいものです。けれど、また、長《なが》く心《こころ》の中《なか》に生《い》きつづけて、その人《ひと》をみちびいていく大《おお》きな力《ちから》にもなります。ライト兄弟《きょうだい》の一生《いっしょう》は、この夢《ゆめ》にみちびかれ、その夢《ゆめ》を実際《じっさい》にあらわすための努力《どりょく》だったといえましょう。

この年《とし》は、兄弟《きょうだい》にとって、なかなかいそがしい年《とし》でした。

くず鉄《てつ》集《あつ》めで味《あじ》をしめたふたりは、今度《こんど》はチューインガムをつくって売《う》ろうと考《かんが》えついたのです。

「兄《にい》さん、ぼくのクラスに、松《まつ》ヤニ工場《こうじょう》の子《こ》がいて、いつも、松《まつ》ヤニをとったかすを、くちゃくちゃかんでいるんだ。ぼくももらってかんでみたけれど、うまくもなんともないの。で、松《まつ》ヤニに砂糖《さとう》を入《い》れて、あまいチューインガムをつくったら、売《う》れると思《おも》うんだけど。」

「うん、売《う》れるかもしれないな。」

「ぜったい売《う》れるよ。じゃ、決《き》まり。すぐにとりかかろう。」

こういうとき、オービルは頭《あたま》より先《さき》に、体《からだ》が動《うご》きます。さっそく工場《こうじょう》から松《まつ》ヤニのかすをたくさんもらってきて、台所《だいどころ》の大《おお》なべで、ぐつぐつ煮《に》はじめました。

「兄《にい》さん、スプーンでかきまわして。ケイト、そこのお砂糖《さとう》をとって。」

ひとりで、はりきっています。

「さあ、いよいよライト・チューインガムのできあがりとございい。」

もったいぶって、ひとさじすくって、ふうふうふきながら口《くち》の中《なか》へ入《い》れましたが、

「砂糖《さとう》が足《た》りないな。」

また、ひとつかみ、ごっそり入《い》れました。

やがて、煮《に》つまって、すこしさめたころ、オービルは口《くち》いっぱいほおばりました。

「あ、あ、あっ。」

「どうした、オーブ。」

「あ、あ、あっ。」

あわててはきだそうとしたら、松《まつ》ヤニが上《うわ》あごにも下《した》あごにも、べたべたくっついて、そのおかしいことといったら。

「はははは……。」

思《おも》わずウィルバーは、声《こえ》をあげてわらいだしました。

「ぺっ、ぺっ、ぺっ、ぺっ。こ、こんな苦《にが》いチューインガム、ぼ、ぼく、はじめてだ。」

オービルは半分泣《はんぶんな》きべそをかいて、しゅんとしてしまいました。

これは大失敗《だいしっぱい》です。

「なんでも、おもちゃのヘリコプターのようには、いかないものなんだね。」

「うん、まったくだな。」

「食《た》べものの実験《じっけん》は、もうこりごりだよ。」

ふたりは、泣《な》きわらいの顔《かお》を見《み》あわせました。

しかし、失敗《しっぱい》があればこそ、成功《せいこう》があるのです。今度《こんど》の失敗《しっぱい》は、兄弟《きょうだい》に、その力《ちから》を自分《じぶん》たちのすきな方向《ほうこう》に向《む》けろと、しめしてくれたのではなかったでしょうか。

2 自分《じぶん》の道《みち》は自分《じぶん》で開《ひら》け

「バット」の成功《せいこう》と失敗《しっぱい》

ライト一家《いっか》が、デートン市《し》からインディアナ州《しゅう》のリッチモンド市《し》にうつったのは、1881年《ねん》のことです。

お父《とう》さんがこの町《まち》の教会《きょうかい》の仕事《しごと》をするようになったので、ホーソーン街《がい》の家《いえ》はそのままにして、家中《いえじゅう》でこしてきたのです。

ウィルバーが14歳《さい》、オービルが9歳《さい》、妹《いもうと》のキャサリンが6歳《さい》。

「兄《にい》さん、兄《にい》さん。今度《こんど》来《き》たサーカスの評判《ひょうばん》聞《き》いた?」

あいかわらずオービルは、町《まち》のニュースをすばやくキャッチして、知《し》らせに来《き》ます。

「バルナムス・サーカスのことだろう。」

「うん、すごい当《あ》たりなんだって。でね、ぼくたち子《こ》どもだけで、動物《どうぶつ》ショーをやろうと、相談《そうだん》がまとまったんだ。」

「動物《どうぶつ》ショーって、なにをやるんだい。」

「いろいろな動物《どうぶつ》をならべて、それを見《み》せて、お金《かね》をもらうんだよ。」

「だめだね。だいいち、そんなに動物《どうぶつ》が集《あつ》まらないし、子《こ》どもに生《い》きた動物《どうぶつ》があつかえるわけがないだろう。」

「ところが、できるんだよ。もちろん、生《い》きた大熊《おおぐま》や、鹿《しか》はむりだけど、ぼくの友《とも》だちのジョンストンの家《いえ》が、はくせい屋《や》なんだ。それで、いろんなめずらしい動物《どうぶつ》のはくせいをたくさん持《も》っているから、これをかりて、ならべるんだよ。どうだい、名案《めいあん》だろう。」

「うん、それならできるかもしれないが……。」

「兄《にい》さんもくわわっておくれよ。」

「いや、ぼくはそんな子《こ》どもっぽいことはごめんだよ。ただ、知恵《ちえ》だけはかしてやるけれど。」

もう、中学《ちゅうがく》3年《ねん》のウィルバーは、考《かんが》え深《ぶか》そうに答《こた》えました。

たまたまそのころ、町《まち》でもよおしものがあり、はなやかな行進《こうしん》が行《おこな》われるというので、オービルたちもそれにくわわって、宣伝《せんでん》することになりました。

プカプカ、ドンドン。にぎやかな楽隊《がくたい》を先頭《せんとう》に、長《なが》い行列《ぎょうれつ》が町《まち》へとくりだしました。いちばんあとから、古《ふる》い三輪自転車《さんりんじてんしゃ》や、おんぼろ馬車《ばしゃ》に、はくせいの動物《どうぶつ》を乗《の》せた子《こ》どもたちがつづきます。

ところが、はじめのうちはよかったのですが、行列《ぎょうれつ》が町《まち》の大通《おおどお》りにさしかかると、たいへんな見物人《けんぶつにん》です。子《こ》どもたちはすっかりどぎもをぬかれ、めんくらってうろうろするばかり。みんなこそこそと、横町《よこちょう》へにげこんでしまいました。

これまた大失敗《だいしっぱい》。

しかし、あくる日《ひ》、空《あ》いた納屋《なや》でやった動物《どうぶつ》ショーは、思《おも》いのほか、おおぜいの入《にゅう》場者《じょうしゃ》がありました。お客《きゃく》は子《こ》どもばかり、入場料《にゅうじょうりょう》は5セントでしたが、けっこうもうけになりました。

オービルたちは、ほくほくで、キャンディーやら、アイスクリームやらを、はらいっぱいつめこみました。

失敗《しっぱい》のあとに、成功《せいこう》きたるです。

さて、商売《しょうばい》にかけては、ウィルバーのほうも、なかなか負《ま》けてはいません。新《あたら》しく考《かんが》えだした、背《せ》の高《たか》い竹馬《たけうま》をつくって、町《まち》で売《う》りだしたら、これが評判《ひょうばん》で、羽《はね》の生《は》えたようにさばけました。

「ウィル兄《にい》ちゃん、男《おとこ》の子《こ》の竹馬《たけうま》ばかりつくらないで、わたしたち女《おんな》の子《こ》も乗《の》れる、すてきな竹馬《たけうま》をつくって。」

妹《いもうと》のキャサリンがねだりました。

このころから、キャサリンは、兄《にい》さんたちといっしょになって、いろいろ考《かんが》えたり、手《て》つだったりするようになりました。3人《にん》が力《ちから》を合《あ》わせる――ライト兄弟《きょうだい》の生《い》き方《かた》は、このころからできてきたのです。

キャサリンのためにつくった、女《おんな》の子《こ》向《む》きの竹馬《たけうま》も評判《ひょうばん》がよく、これまた、けっこう商売《しょうばい》になりました。

「オーブ、おぼえてるかい。デートン市《し》にいたとき、お父《とう》さんからおみやげに、おもちゃのヘリコプターをもらったことを。」

「もちろんさ。『バット』のことだろう。」

「そうだよ。ひとつ、あれをつくって売《う》りだしたらと、考《かんが》えたんだ。」

「やあ、ほんとだ。動物《どうぶつ》ショーや竹馬《たけうま》なんかより、ずっともうかるよ。」

「あのときの製図《せいず》はのこってるね。よし、さっそく、とりかかろう。」

ウィルバーが寸法《すんぽう》に合《あ》わせて竹《たけ》を切《き》り、プロペラをつくる、キャサリンがそれに紙《かみ》をはる、オービルがゴムバンドをとりつける。たちまち、バットができあがりました。

「や、とんだ、とんだ、ばんざい。図《ず》が正確《せいかく》であれば、できたバットも正確《せいかく》にとぶ、だね。」

はたして、このバットは、リッチモンド市《し》の子《こ》どもたちの間《あいだ》で、大《おお》はやりになりました。

兄弟《きょうだい》が学校《がっこう》から帰《かえ》ってくると、家《いえ》の前《まえ》には、バットを買《か》いたいという子《こ》どもたちが、いつも5〜6人《にん》は待《ま》っているありさまで、つくってもつくっても、まにあわないほどです。

「もっと大《おお》きなのをつくろう。」

と、2倍《ばい》の大《おお》きさのバットをつくりました。もちろん、ゴムバンドの強《つよ》さも2倍《ばい》にしたことは、いうまでもありません。

ところが、だめなのです。大《おお》きなバットは、うんともすんともいわないばかりか、1センチメートルもとびあがらないではありませんか。

これはどうしたわけか、さっぱり、わけがわかりません。兄弟《きょうだい》はお母《かあ》さんのところへ行《い》って、たずねました。

「さあ、わたしにもわからないわね。」

さすが、ものしりのお母《かあ》さんも、ヘリコプターのことまでは知《し》りません。首《くび》をかしげるばかりです。まして計算《けいさん》の苦手《にがて》なお父《とう》さんは、はじめっからお手上《てあ》げです。

兄弟《きょうだい》は、はじめてぶつかった困難《こんなん》の前《まえ》に、がっくりしてしまいました。

「バットづくりは、もうやめた。」

あきらめて、投《な》げだしてしまいました。

兄弟《きょうだい》は、2倍《ばい》の大《おお》きさのものをとばすのに、ゴムバンドを2倍《ばい》の強《つよ》さにしただけではとばないことを、まだ知《し》らなかったのです。

このことには、よほどこりたと見《み》えて、のちに大《おお》きくなって、真剣《しんけん》に飛行機《ひこうき》づくりに乗《の》りだしてからも、ヘリコプターの研究《けんきゅう》には、あまり手《て》をつけませんでした。

もっとも、ぜんぜんやらなかったわけではありません。のちには、おもちゃのヘリコプターの発明者《はつめいしゃ》、ペノーのことを研究《けんきゅう》し、ペノーが特許《とっきょ》をとっていた安定装置《あんていそうち》についての研究《けんきゅう》もしています。

また、ジョージ・ケイリーが何年《なんねん》もまえにやった実験《じっけん》についても研究《けんきゅう》し、その設計《せっけい》にもとづいて、ヘリコプターをつくったりしています。

ケイリーは、1857年《ねん》、つまりライト兄弟《きょうだい》が生《う》まれる10年《ねん》ばかりまえに死《し》んでいますが、「空《そら》の大《おお》きな海《うみ》」という、有名《ゆうめい》な言葉《ことば》をのこしています。

「すべての人《ひと》の家《いえ》の戸口《とぐち》までできている空《そら》の大《おお》きな海《うみ》は、たえず航海《こうかい》ができ、人類《じんるい》に喜《よろこ》びと利益《りえき》とをもたらすみなもととなるだろう。わたしたちは空《そら》の道《みち》によって、海《うみ》の道《みち》よりも安全《あんぜん》に、より速《はや》く、自分《じぶん》や家族《かぞく》はもちろん、財産《ざいさん》まで運《はこ》ぶことができるようになるだろう。」

この予言《よげん》は、まさに当《あ》たったといってよいでしょう。

しかし、ライト兄弟《きょうだい》がヘリコプターにいかず、グライダーの飛行《ひこう》へ引《ひ》きつけられていったのは、このときの苦《にが》い失敗《しっぱい》が、そうさせたのだといえそうです。

バットづくりをあきらめた兄弟《きょうだい》は、そのまま、空《そら》への望《のぞ》みもあきらめてしまったのでしょうか。いいえ、ちがいます。

ある日《ひ》、ウィルバーは弟《おとうと》に言《い》いました。

「オーブ、たこをつくろう。」

たこあげ大会《たいかい》

毎年《まいとし》、雪《ゆき》がとけて、春風《はるかぜ》がふきはじめると、どこから集《あつ》まるのか、町《まち》はずれの原《はら》っぱで、子《こ》どもたちのたこあげが始《はじ》まります。

その中心《ちゅうしん》が「たこクラブ」です。それぞれ苦心《くしん》してつくった自慢《じまん》のたこをあげて、強《つよ》さ・高《たか》さをきそいあいますが、3月《がつ》の「たこあげ大会《たいかい》」の1等賞《とうしょう》にはほうびが出《で》ます。

ウィルバーとオービルは、「たこクラブ」に入会《にゅうかい》するとすぐに、たこづくりを始《はじ》めました。

「兄《にい》さん、どんなたこをつくる？　みんながあげている、ありきたりのたこじゃ、つまんないな。」

「あたりまえさ。第一《だい》に、ぼくたちのたこは、ほかのよりぐんと大《おお》きくする。」

「うん。」

オービルが、あたりまえだと言《い》わんばかりに、うなずきます。

「第《だい》二に、大《おお》きなたこだと、骨《ほね》組《ぐ》みは当然《とうぜん》重《おも》くなるから、軽《かる》い木《き》をえらぶ。」

「うん。」

「第《だい》三に……。」

そのとき、そばにいたキャサリンが、口《くち》をはさみました。

「兄《にい》さん、はじめに図《ず》をかかなくていいの？」

「やあ、これはまいった。ケイトにすっかりやられちゃったぞ。」

ふたりは紙《かみ》を広《ひろ》げて、たこの図《ず》をかきました。

普通《ふつう》のたこは、木《き》のわくが、にかわ（動物《どうぶつ》の皮《かわ》や骨《ほね》からつくる接着剤《せっちゃくざい》）で固定《こてい》されているが、木《き》にからまったりすると、すぐにはがれてしまうから、にかわと、針金《はりがね》を使《つか》う。いや、それよりも、軽《かる》くて強《つよ》いピアノ線《せん》がいい。木《き》は、わりあい軽《かる》くて、じょうぶなえぞ松《まつ》がいい。紙《かみ》もうすくて、軽《かる》いほうがいい……。

こうして、できあがったたこをかかえて、ふたりは朝早《あさはや》く原《はら》っぱへやってきました。どうしてこんな時間《じかん》をえらんだかというと、「たこあげ大会《たいかい》」の日《ひ》まで、秘密《ひみつ》にしておきたかったからです。

ちょうどよい風《かぜ》がふいていたので、たこはまっすぐにあがりました。

「いいぞ、いいぞ。」

ぐんぐんのぼっていくたこに、オービルは拍手《はくしゅ》を送《おく》りました。

そのとき、上空《じょうくう》で風《かぜ》がやんだのでしょうか。たこがよっぱらったように、ふらふらとゆれだしました。ウィルバーが懸命《けんめい》に糸《いと》をたぐりましたが、まっさかさまに落《お》ちてきて、木《き》に引《ひ》っかかってしまいました。

オービルが木《き》によじのぼり、たこのあわれな死《し》がいをかかえて、おりてきました。紙《かみ》はめちゃめちゃにやぶれ、骨《ほね》はこわれて、見《み》るもむざんなありさまです。

「みんながいなくてよかったね。いたら、ぼくたち、わらい者《もの》だよ。」

オービルが、がっかりして言《い》いました。

「ぼくたちは、なにかまちがっていたんだ。なにがまちがっていたんだろう。」

ウィルバーが言《い》いました。

「わからないけど、たぶん、図《ず》がまちがっていたんだ。それしか考《かんが》えられないもの。」

「そうだね。今日学校《きょうがっこう》から帰《かえ》ったら、もう一度《いちど》、図《ず》を見直《みなお》してみよう。」

午後《ごご》、ふたりはあらためて、設計図《せっけいず》を研究《けんきゅう》しました。しかし、どう考《かんが》えても、まちがってはいません。

「それにしても、たこはどうして落《お》ちたんだろう。」

「よくわからないけれど、風《かぜ》のあるときは、たこは空《そら》に止《と》まっていたね。」

「うん。」

「風《かぜ》がやむと、たこは落《お》ちてしまった。風《かぜ》をじゅうぶんに受《う》けていないと、たこは落《お》ちてしまうんじゃないかな。」

「でも、鳥《とり》は、風《かぜ》があるかないか、わからないようなときでも、とんでいるよ。」

「鳥《とり》の翼《つばさ》は、わずかな風《かぜ》でも、受《う》けられるようにできているんだ。」

ウィルバーは言《い》いながら、はっとしたように、

「オーブ、そこが問題《もんだい》なんだ。ぼくたちのたこは、風《かぜ》をじゅうぶんに受《う》けていないのだ。どうしてだろう。」

「それは……きっと、張《は》り糸《いと》が短《みじか》いんだよ。」

「そうだ、張《は》り糸《いと》が短《みじか》いんだ。」

ふたりはテーブルの上《うえ》にかがみこんで、張《は》り糸《いと》を長《なが》くした図《ず》をかきました。

「兄《にい》さん、尾《お》はなんの役《やく》をするの？」

「たこのつり合《あ》いをとるためだろう。」

「ぼく、見《み》ていたんだけど、風《かぜ》があまりないとき、たこはちっとも上《うえ》へあがっていかなかったね。尾《お》が重《おも》いんじゃないかしら。」

「そのとおりだ。風《かぜ》がうんとあるときは、長《なが》い尾《お》がいるけれど、風《かぜ》がないときは、尾《お》

は短《みじか》くてもいいんじゃないかな。長《なが》い尾《お》のと、短《みじか》い尾《お》のと、たこをふたつつくって、実験《じっけん》してみよう。」

あくる朝《あさ》、兄弟《きょうだい》はまた、原《はら》っぱにやってきました。風《かぜ》は強《つよ》くふいていました。はじめに尾《お》の短《みじか》いほうをあげました。たこはたちまち空中《くうちゅう》へおどりだし、勢《いきお》いよくあがっていきましたが、まもなく、ふらふらとゆれはじめ、水車《すいしゃ》のようにくるくる回《まわ》りだしました。

「だめだ。尾《お》の長《なが》いほうをあげよう。」

今度《こんど》のたこは、まるで翼《つばさ》が生《は》えたように、ぐんぐんのぼっていき、しかも、ゆれもせず、水平線《すいへいせん》の上《うえ》の帆《ほ》のように、空中《くうちゅう》でとどまっています。

思《おも》ったとおりです。すっかり自信《じしん》をつけた兄弟《きょうだい》は、それからも風《かぜ》のようすを調《しら》べ、よりよいたこをつくることに苦心《くしん》しました。しかし、このことは、だれにも秘密《ひみつ》にしていたので、「たこクラブ」の連中《れんちゅう》はもちろん、町《まち》の人《ひと》びとも知《し》りませんでした。

いよいよ「たこあげ大会《たいかい》」の日《ひ》がきました。その日《ひ》は朝《あさ》から、花火《はなび》の音《おと》がポンポンと原《はら》っぱにこだまし、キャンディーや、パン売《う》りなどの屋台店《やたいみせ》が出《で》るほどのにぎわいです。

町《まち》のあちらこちらから、自慢《じまん》のたこをかかえ、ほおをほてらせた少年《しょうねん》たちが集《あつ》まってきました。

「オーブ、この風《かぜ》なら尾《お》の長《なが》いほうだな。」

「そうだね。準備《じゅんび》はいいかい。」

「オーケー。」

ライト兄弟《きょうだい》が、たこをあげはじめたときは、すでに原《はら》っぱの空《そら》は、さまざまな形《かたち》、さまざまな色《いろ》どりのたこでいっぱいでした。ブーン、ブーン……100万《まん》のはちが、いっせいにうなりだしたようなひびきが、3月《がつ》の空《そら》に流《なが》れます。

「それ、あがれ、あがれ。」

「あっ、落《お》ちる、落《お》ちる。」

こんな声《こえ》が、あちこちでします。

あがるたこ、落《お》ちるたこ、回《まわ》るたこ、流《なが》れるたこ、からみあうたこ。1時間《じかん》もすると、あらかたのたこは落《お》ちてしまって、青《あお》い空《そら》には十いくつかがうかんでいるだけでした。見《み》ると、さすがに「たこクラブ」の連中《れんちゅう》のものが多《おお》く、いずれも必死《ひっし》に糸《いと》をあやつっています。

そのとき、まんなかあたりにいたひとつのたこが、急《きゅう》にぐんぐんと、のぼりはじめました。

「おっ、すごいぞ。だれのたこだ。」

「ライト兄弟《きょうだい》のだ、ライト兄弟《きょうだい》のだ。」

声《こえ》は電波《でんぱ》のようにつたわりました。

みんなの目《め》がいっせいに、すいつけられました。

たこはまるで、はやぶさのように風《かぜ》を切《き》っていきます。いったい、どこまでのぼってていくのか。みるみるほかのたこを引《ひ》きはなして、空中《くうちゅう》にぴったり、はりついたようになりました。

「くそっ、負《ま》けるもんか。」

少年《しょうねん》たちは、懸命《けんめい》に糸《いと》をくりだしました。すると、どうでしょう。たこはくるくる回《まわ》りはじめ、つぎつぎに、まっさかさまに落《お》ちてしまいました。

1等賞《とうしょう》です。山《やま》のような賞品《しょうひん》をかかえて帰《かえ》る兄弟《きょうだい》のあとから、少年《しょうねん》たちがぞろぞろついてきながら、

「ウィルバー、そのたこ、売《う》ってくれよ。」

「なにかととりかえっこしないか。」

「つくり方《かた》を教《おし》えてくれよ。」

口々《くちぐち》に言《い》って、たのみました。

「じゃ、新《あたら》しいのをつくって、順番《じゅんばん》に売《う》ってやるよ。」

「いくらで?」

「20セントで。」

あくる日《ひ》から、兄弟《きょうだい》はせっせと、たこづくりにせいを出《だ》しました。それを売《う》ったお

金《かね》で、さらに新《あたら》しいたこをくふうして、とばしました。

「兄《にい》さん、たこの糸《いと》が引《ひ》っぱるすごい力《ちから》を見《み》てごらん。ぼく、地面《じめん》からとびあがりそうだ。」

オービルの興奮《こうふん》した言葉《ことば》に、ウィルバーは、わらいながら言《い》いました。

「いつか、ぼくたちを空《そら》へ運《はこ》んでくれるような、すばらしいたこをつくろうよ。」

しかし、このときふたりは、たこと飛行機《ひこうき》との間《あいだ》に、深《ふか》いつながりがあるということには、まだ気《き》づいていませんでした。

大《おお》けがをしたウィルバー

たこづくりの名人《めいじん》。

ライト兄弟《きょうだい》の名《な》は、いちやくリッチモンド市《し》で評判《ひょうばん》になりました。しかし、この町《まち》にも長《なが》くはいられませんでした。お父《とう》さんが教会《きょうかい》の都合《つごう》で、また、デートン市《し》へもどることになったからです。

せっかく友《とも》だちができたのに、残念《ざんねん》ですが、ビッグ・ヒルのあるホーソーン街《がい》は、なつかしい町《まち》です。

「兄《にい》さん、また、エドやアルたちと、そり遊《あそ》びをしようね。」

オービルが目《め》をかがやかせて言《い》いましたが、ウィルバーは、だまってほほえんだだけでした。

1884年《ねん》、ウィルバーは17歳《さい》、デートン市《し》の高等学校《こうとうがっこう》1年生《ねんせい》になっていましたから、わんぱくざかりの弟《おとうと》や妹《いもうと》といっしょに、子《こ》どもっぽい遊《あそ》びをする気《き》にはなれなかったのでしょう。

体《からだ》がじょうぶで、力《ちから》のあるウィルバーは、体育《たいいく》に熱中《ねっちゅう》していました。鉄棒《てつぼう》にかけては、クラスでも指折《ゆびお》りのひとりでしたが、とくにアイスホッケーでは、花形選手《はながたせんしゅ》として、おおいに活躍《かつやく》していました。

デートン市《し》にうつってから1年《ねん》たった、1885年《ねん》の冬《ふゆ》のことです、ウィルバーにひとつの不運《ふうん》がおとずれたのは。

その日《ひ》、デートン高校《こうこう》の選手《せんしゅ》は、近《ちか》くの陸軍部隊《りくぐんぶたい》の将校《しょうこう》の息子《むすこ》たちのチームと、アイスホッケーの試合《しあい》をしました。

試合《しあい》は熱戦《ねっせん》になって、1対《たい》1。

陸軍側《りくぐんがわ》のひとりが、スティック（つえ）で、パック（アイスホッケーのときに使《つか》う、ひらべったいゴムの球《たま》）をうばいました。ウィルバーはその前《まえ》にわりこんでいって、パックをおしのけようとしました。

もうれつなせり合《あ》いです。

「わあ、わあ！」

「わあ、わあ！」

両軍《りょうぐん》の応援団《おうえんだん》が、声《こえ》をからしてさけびます。

うばわれてなるかと、相手《あいて》の少年《しょうねん》は、パックめがけて、はげしいひとふりをあびせました。そのとき、手《て》もとがくるって、スティックがウィルバーの口《くち》を打《う》ってしまったのです。

ウィルバーは、どうっと氷《こおり》の上《うえ》にたおれました。一瞬《いっしゅん》、ぼうっとなって、なにもわかりません。

みんながかけよってきました。

「ライト、しっかりしろ。」

「だいじょうぶか。」

「気《き》をたしかにもて。」

口々《くちぐち》にさけぶ声《こえ》が、遠《とお》くから、かすかに聞《き》こえたような気《き》がして、ウィルバーは、やっと目《め》を開《あ》けました。口《くち》の中《なか》になにかがいっぱいつまっているので、ぱっとはきだしました。まっ赤《か》な血《ち》のかたまりといっしょに、おれた前歯《まえば》が5本《ほん》も出《で》てきました。

「たいへんだ、医者《いしゃ》をよべ、医者《いしゃ》を。」

幸《さいわ》い、見物人《けんぶつにん》のなかに部隊《ぶたい》の軍医《ぐんい》がいたので、すぐにかけつけてきて、手当《てあ》てをしてくれました。

「だれか、この少年《しょうねん》を家《いえ》まで送《おく》ってやってくれ。」

軍医《ぐんい》の言葉《ことば》に、

「いいえ、ぼく、だいじょうぶです。ひとりで歩《ある》いて帰《かえ》れます。」

ウィルバーは、ゆっくり起《お》きあがると、二、三歩《ぽ》歩《ある》きだしましたが、ばったりたおれてしまいました。

みんなはウィルバーをかついでいって、ベッドにねかせました。すぐに医者《いしゃ》がよばれましたが、このころは傷《きず》の化膿《かのう》をふせぐ薬《くすり》もなかったので、ただ消毒液《しょうどくえき》を傷口《きずぐち》にぬって、「お大事《だいじ》に。」と言《い》うだけでした。

この傷《きず》は、なかなかおりませんでした。顔《かお》のはれはどうやらおさまりましたが、かたいものが食《た》べられないので、スープやおかゆばかり。そのうえ、傷口《きずぐち》がうみだして、また3本《ぼん》も歯《は》をぬかなければなりませんでした。そんなわけで、胃腸《いちょう》や心臓《しんぞう》まで悪《わる》くなり、長《なが》いことベッドをはなれることができませんでした。

「ほんとうに、とんだ災難《さいなん》ですわね。ひょっとすると、一生《いっしょう》、病人《びょうにん》でとおさなければならないなんて、こんな不幸《ふこう》はありませんわ。」

見舞《みま》いにきた近所《きんじょ》の奥《おく》さんが、気《き》のどくそうに言《い》いました。

ウィルバーは不幸《ふこう》だったでしょうか。たしかに不幸《ふこう》にはちがいありません。学校《がっこう》にも行《い》けず、すきな工作《こうさく》もできず、旅行《りょこう》もできず、もしかすると、大《おお》きくなってからも、結婚《けっこん》もできないかもしれないのです。

しかし、人間《にんげん》の運命《うんめい》というものは、わからないものです。これが、ウィルバーの一生《いっしょう》にとって大《おお》きなかわり目《め》になろうとは、だれが思《おも》ったでしょう。飛行機《ひこうき》の発明《はつめい》という偉大《いだい》な仕事《しごと》へ向《む》かうきっかけは、じつに、このときに生《う》まれたのですから。

ベッドにしばりつけられて、どこへも行《い》けないウィルバーは、かたっぱしから本《ほん》を読《よ》みあさりました。もともと考《かん》え深《ぶか》い性質《せいしつ》なので、読《よ》めば読《よ》むほど、砂《すな》にしみこむ水《みず》のように、ウィルバーの頭《あたま》を知識《ちしき》がみたしていきました。

どんな本《ほん》を読《よ》んだのでしょうか。ちょうど、新《あたら》しい機械《きかい》のしくみや、エンジンなどについて書《か》かれたものが出《で》はじめたころで、ウィルバーのまくらもとには、そんな科《か》学《がく》・数学《すうがく》・歴史《れきし》などの本《ほん》が、山《やま》のように積《つ》まれていったのです。

高等学校《こうとうがっこう》はやめなければなりませんでした。しかし、ウィルバーは大《おお》けがのおかげで、学校《がっこう》で学《まな》ぶ以上《いじょう》のことを、ベッドの上《うえ》で学《まな》んだのでした。

もし、けがをしないで、高等学校《こうとうがっこう》から大学《だいがく》への道《みち》をたどったとしたら、あんがい、へいぼんな人生《じんせい》を歩《あゆ》んでいたかもしれません。

「外《そと》に出《で》て、思《おも》いきりあばれまわりたい。」

そんな気持《きも》ちは、いつかオービルと話《はな》した、

(大《おお》きなたこに乗《の》って、自由《じゆう》に大空《おおぞら》をとんでみたい。)

という空想《くうそう》へと広《ひろ》がっていきました。

しかし、これは、あくまでも空想《くうそう》です。

ウィルバーは気持《きも》ちをまぎらすために、ベッドにすわってできる仕事《しごと》——木《き》でいろいろなものをほりはじめました。

これは商売《しょうばい》というよりは、お母《かあ》さんをなぐさめるためのものでした。というのは、

お母《かあ》さんは、二、三年《ねん》まえ、肺《はい》の病気《びょうき》にかかって、ねこんだことがありました。幸《さいわ》い、軽《かる》くてすみましたが、まえのように、こまねずみみたいにはたらくことはできなくなっていたのです。

「まあ、ありがとう。ウィルは手先《てさき》が器用《きよう》なのね。とてもりっぱにできていますよ。」

最初《さいしょ》の木《き》ぼりのブローチをおくったとき、お母《かあ》さんは、とてもよろこんでくれました。

ほめられるとうれしくて、ウィルバーは、つぎつぎにくふうをこらして、木《き》ぼりにせいを出《だ》しました。オービルと相談《そうだん》して、ふたりでゆりいすをつくり、それをプレゼントしたこともあります。

ウィルバーは、これらの工作《こうさく》から、なにを学《まな》んだのでしょうか。それは木《き》でした。どの木《き》がやわらかいか、かたいか、どの木《き》が折《お》れずに曲《ま》がるか、どの木《き》が軽《かる》いか、重《おも》いか……など。

このことが、のちに飛行機《ひこうき》をつくるうえで、どんなに役立《やくだ》ったことでしょう。それと気《き》づかないでやったことが、思《おも》いがけず、ずっとのちになって大《おお》きな意味《いみ》をもってくることは、よくあることです。

ウィルバーは知《し》らず知《し》らずのうちに、大空《おおぞら》への道《みち》をたどっていたのです。

印刷機《いんさつき》だってつくれる

「兄《にい》さん、兄《にい》さん。ぼく、すてきな商売《しょうばい》を考《かんが》えついたよ。」

オービルがかけこんできました。あいかわらず、元気《げんき》いっぱいです。

「なにを考《かんが》えたんだい。」

ウィルバーは木《き》ぼりの手《て》を止《と》めて、たずねました。

「ほら、ぼくとエドで、学校新聞《がっこうしんぶん》を発行《はっこう》していることは知《し》ってるね。」

「うん、『ミジェット（こびと）』だろう。」

「それがうまくいかないんだ。」

「どうして？」

オービルは話《はな》しだしました。

だいぶまえから、オービルは友《とも》だちのエド・サインズとふたりで、印刷屋《いんさつや》をやっていました。おもちゃのような小《ちい》さい印刷機《いんさつき》と、いくらかの活字《かつじ》で、かんたんな広告《こうこく》ビラや、名刺《めいし》の印刷《いんさつ》を引《ひ》きうけるほか、週《しゅう》1回《かい》、学校新聞《がっこうしんぶん》『ミジェット』を発行《はっこう》していました。

ミジェットという名《な》は、小《ちい》さな印刷機《いんさつき》にちなんで、つけたのです。

記事《きじ》を書《か》く、活字《かつじ》を組《く》む、印刷《いんさつ》するという仕事《しごと》は、なかなか骨《ほね》が折《お》れましたが、ふたりはがんばりました。

しかし、紙《かみ》とインキは買《か》わなければならないので、ふたりは手分《てわ》けして、肉屋《にくや》や、乾物屋《かんぶつや》や、くず鉄屋《てつや》のカモジーさんたちのところをまわり、広告《こうこく》を出《だ》してくれるようにたのみました。広告料《こうこくりょう》は15セント。みんなよろこんで、広告《こうこく》を『ミジェット』に出《だ》してくれました。

ところが、印刷代金《いんさつだいきん》のことで、ふたりの間《あいだ》に食《く》いちがいが起《お》こりました。はらってくれる代金《だいきん》がすべて現金《げんきん》ならばいいのですが、いなか町《まち》のことですから、なかには、とうもろこしやキャンディーで、はらう者《もの》もいます。

「これは全部《ぜんぶ》お金《かね》にかえて、次《つぎ》の仕事《しごと》にまわそうよ。」

オービルが言《い》うと、エドは首《くび》をふって、

「そんなの、いやだ。食《た》べたほうがいいや。」

と言《い》いはるしまつです。

「兄《にい》さん、そんなわけで、けんかばかりしてるんだ。つくづくいやになっちゃったから、ぼくはエドと、きっぱり手《て》を切《き》ったんだ。」

オービルは、ふんがいして言《い》いました。

「で、これから、どうしようというんだい。」

ウィルバーが静《しず》かにたずねると、

「だからね、兄《にい》さんにエドの持《も》ち株《かぶ》を買《か》いとってほしいんだよ。そして、ふたりで印《いん》刷屋《さつや》をつづけようよ。」

「うん。ぼくの体《からだ》もだいぶよくなったから、そろそろはたらかなくてはと、考《かんが》えてはいたんだ。で、エドの株《かぶ》はいくら?」

「1ドル。」

「1ドルか。そんなお金《かね》、持《も》ってないなあ。」

「お父《とう》さんに相談《そうだん》してみたら?」

「そうしようか。」

ふたりがこのことを話《はな》すと、お父《とう》さんはしばらく考《かんが》えこんでいましたが、

「印刷《いんさつ》とくれば、そりゃ、たこのときとちがって、わたしも、いくらか力《ちから》になってやれるね。よろしい、お金《かね》はお父《とう》さんが出《だ》そう。それから、中古《ちゅうこ》だが、まだ使《つか》える活字《かつじ》を寄付《きふ》しよう。」

「ほんとう?」

「これでも、教会《きょうかい》の機関誌《きかんし》の編集《へんしゅう》をしているんだからね。印刷工場《いんさつこうじょう》には、いらなく

なった活字《かつじ》がたくさんあるから、もらってきてあげよう。そうだ、印刷屋《いんさつや》を始《はじ》めるなら、一度《いちど》、工場《こうじょう》へ行《い》って見学《けんがく》してくるといいね。」

あくる日《ひ》、兄弟《きょうだい》はお父《とう》さんにつれられて、町《まち》の印刷工場《いんさつこうじょう》へ行《い》きました。

「やあ、ミルトン・ライトさん。校正刷《こうせいず》りはあさってでなけりゃ出《で》ませんぜ。」

インキでまっ黒《くろ》になった工場長《こうじょうちょう》が、にこにこしながら出《で》てきました。

「いや、今日《きょう》は、せがれたちに、印刷機《いんさつき》のしくみや、活字《かつじ》の種類《しゅるい》や、印刷《いんさつ》のしかたなどを見学《けんがく》させたいのだ。いそがしいところをすまないが、よろしくたのむよ。」

「ほう、印刷《いんさつ》の見学《けんがく》ですって？　ようがすとも。ぼっちゃんたち、あっしが案内《あんない》しましょう。」

工場長《こうじょうちょう》は、太《ふと》った体《からだ》をゆすりゆすり、活字《かつじ》を組《く》んでいるところから、つぎつぎに、説明《せつめい》してくれました。

どこもおどろくことばかりでしたが、とくにバッタン、バッタンと、やかましい音《おと》を立《た》てている印刷機《いんさつき》の前《まえ》では、

「ふう……。」

オービルが目《め》を回《まわ》して、

「大《おお》きいなあ。ぼくたちのてのひらにのるような、おもちゃのような印刷機《いんさつき》とはちがうなあ。」

ウィルバーはしきりに、機械《きかい》の動《うご》かし方《かた》や寸法《すんぽう》などを質問《しつもん》し、それをノートに書《か》きこんでいました。

見学《けんがく》を終《お》わって帰《かえ》るとき、工場長《こうじょうちょう》は、

「ぼっちゃん、おみやげだよ。」

と、大《おお》きなふくろをわたしてくれました。

ずしりと重《おも》いもので、中《なか》には古《ふる》い活字《かつじ》がいっぱい入《はい》っていました。お父《とう》さんがたのんでくれたのです。

さて、兄弟《きょうだい》は物置小屋《ものおきごや》を仕事場《しごとば》にして、印刷屋《いんさつや》を始《はじ》めましたが、なにかにつけ、工《こう》場《じょう》で見《み》てきた大《おお》きな印刷機《いんさつき》が目《め》にちらついて、しかたがありません。

「兄《にい》さん、あんなのがほしいねえ。」

「うん、ほしいなあ。」

「お父《とう》さんにねだってみようか。」

「いけないよ。いくらお父《とう》さんだって、あんなのを買《か》うお金《かね》は持《も》っていないよ。」

「それもそうだな。」

ふたりはしかたなく、2年《ねん》ばかり、小《ちい》さな印刷機《いんさつき》でがまんしました。幸《さいわ》いなことに、注文《ちゅうもん》はだんだんふえてきましたが、小《ちい》さな広告《こうこく》ビラや名刺《めいし》ぐらいしか引《ひ》きうけられないのです。したがって、注文《ちゅうもん》の多《おお》いわりには、もうけが少《すく》なく、大型印刷機《おおがたいんさつき》を買《か》うほど、お金《かね》がたまりません。

「残念《ざんねん》だなあ、なんとかならないかなあ。」

ふたりは顔《かお》を合《あ》わせると、こう言《い》いながらくらしてきましたが、ある日《ひ》、ウィルバーが、とつぜん言《い》いました。

「オーブ、ぼくたちは、なんてまぬけなんだ。」

「まぬけだって？　どうしてさ。」

「大型印刷機《おおがたいんさつき》が買《か》えなけりゃ、つくればいいじゃないか。」

「つくるだって？　あんな大《おお》きなものを。」

さすがのオービルも、あきれたように兄《あに》の顔《かお》を見《み》つめました。

「そうだよ。ぼくたちは、そりも、たこもつくったじゃないか。そのぼくたちが、印《いん》刷機《さつき》をつくれないはずがないじゃないか。」

そう言《い》われると、オービルもそんな気持《きも》ちがしてきました。

「まったくだ。なぜもっと早《はや》く、そのことに気《き》がつかなかったんだろう。よし、つくろう、つくろう。」

ふたりはさっそく、カモジーさんの家《いえ》のくず鉄《てつ》の山《やま》へやってきました。

「いいとも、なんでもすきなものを持《も》っておいき。」

カモジーさんの言葉《ことば》に、ふたりは古《ふる》いローラーとか、歯車《はぐるま》などを集《あつ》めました。それを家《いえ》に持《も》ちかえって、さびを落《お》としてみがきました。

製図《せいず》には、いつかの工場見学《こうじょうけんがく》のとき、ウィルバーが書《か》いたノートが役《やく》に立《た》ったことは、いうまでもありません。

苦労《くろう》に苦労《くろう》を重《かさ》ね、どうにかいままでより20倍《ばい》も大《おお》きな印刷機《いんさつき》ができあがりました。といっても、ぶさいくな、かなりがたぴしした機械《きかい》であることは、まちがいありません。しかし、やってみると、りっぱに印刷《いんさつ》ができました。

「すごい、すごい。1時間《じかん》に1500枚《まい》もすれる。」

「だけど、すごい音《おと》だねえ。ガラガラ、ゴトゴト、30分《ぷん》もやると、人間《にんげん》のほうの息《いき》が切《き》れてしまうよ。」

しかし、ふたりの少年《しょうねん》が力《ちから》を合《あ》わせてつくったものとしては、たいした傑作《けっさく》です。

「ライト牧師《ぼくし》さんの息子《むすこ》たちが、すばらしい印刷機《いんさつき》をつくったそうですよ。」

評判《ひょうばん》は評判《ひょうばん》をよんで、みんなが見《み》にやってきました。なかには、町《まち》の専門《せんもん》の印刷屋《いんさつや》のおやじさんもたずねてくるというありさまです。その人《ひと》は機械《きかい》の下《した》にもぐりこんだりして、熱心《ねっしん》に調《しら》べていましたが、

「やあ、おどろいたね。わしは印刷機械《いんさつきかい》のことなら、なんでも知《し》っているつもりだったが、印刷機《いんさつき》にミシンのようなペダルをつけ、それを足《あし》でふんで、重《おも》いローラーを動《うご》かすくふうをしたところなんか、大人《おとな》もおよばない知恵《ちえ》だね。」

そのとおりでした。

活字《かつじ》は組《く》みあがると、平《ひら》たい石《いし》――専門家《せんもんか》はこれをベッド（床《ゆか》）といっています――の上《うえ》におきます。それから活字《かつじ》にインキをぬり、その上《うえ》に紙《かみ》を当《あ》てて、ローラーをかけ、活字《かつじ》についたインキが紙《かみ》にうつる、というのが印刷《いんさつ》のしくみです。

もちろん、ローラーは手《て》で動《うご》かさなければならないので、何枚《なんまい》もするには時間《じかん》がかかります。

兄弟《きょうだい》は、それに満足《まんぞく》しませんでした。印刷機《いんさつき》にペダルをつけ、ローラーには滑車《かっしゃ》をつけました。で、足《あし》でふんでいるかぎり、重《おも》いローラーは、前《まえ》に後《うし》ろに、楽《らく》に動《うご》きます。

ウィルバーが動《うご》かすと、オービルが紙《かみ》を活字《かつじ》ベッドの上《うえ》に送《おく》りこみます。印刷《いんさつ》された紙《かみ》を引《ひ》きだし、ローラーがもどってくるまえに、すばやくもう1枚《まい》の紙《かみ》をすべりこませます。

「足《あし》ぶみ機《き》を考《かん》えたきっかけは？」

「兄《にい》さんが病《や》み上《あ》がりで、まだ重《おも》いものを動《うご》かせないからです。」

「活字《かつじ》ベッドの石《いし》は？」

「古《ふる》いお墓《はか》の石《いし》をもらってきたのです。」

「ううん……。」

印刷屋《いんさつや》のおやじさんは、すっかり感心《かんしん》して、うなってしまいました。

『西部《せいぶ》のニュース』第《だい》1号《ごう》

「大型印刷機《おおがたいんさつき》ができたら、週刊《しゅうかん》の新聞《しんぶん》を出《だ》そう。」

兄弟《きょうだい》はまえから、こんな夢《ゆめ》をもっていました。

その大型印刷機《おおがたいんさつき》は完成《かんせい》しましたが、資金《しきん》がありません。新聞《しんぶん》を出《だ》すとなると、紙《かみ》やインキもたくさんいり、新《あたら》しい活字《かつじ》もそろえなければならないからです。それから、新聞《しんぶん》を配達《はいたつ》する少年《しょうねん》たちの給料《きゅうりょう》も。

「また、お父《とう》さんにたのもうか。」

しかし、ライト牧師《ぼくし》は、あいにく太平洋岸《たいへいようがん》の教会《きょうかい》を監督《かんとく》する役目《やくめ》で、長《なが》い旅《たび》に出《で》ています。お母《かあ》さんは病気《びょうき》がちで、このうえ、心配《しんぱい》をかけたくありません。

「よし、運《はこ》び屋《や》をやろう。」

ふたりは、昔《むかし》、くず鉄集《てつあつ》めに使《つか》った古《ふる》い荷車《にぐるま》を引《ひ》っぱりだしてきて、乾物屋《かんぶつや》へ行《い》きました。この乾物屋《かんぶつや》は、学校新聞《がっこうしんぶん》を出《だ》して、広告《こうこく》をもらっていたときから、親《した》しくしています。

「ほう、印刷屋《いんさつや》から配達屋《はいたつや》になるのかね。よしよし、うちじゃ大助《おおだす》かりだよ。」

こんなわけで、ふたりは、バター・卵《たまご》・パン・粉《こな》・野菜《やさい》などを荷車《にぐるま》に積《つ》みこんで、ほうぼうの家《いえ》へ配達《はいたつ》しました。

「いいかい、オーブ。これは、ただ資金《しきん》をこしらえるためだけじゃないのだ。新聞《しんぶん》を始《はじ》めたら、町《まち》の人《ひと》の話《はなし》をのせなければならないから、そのニュースを集《あつ》めるためでもあるんだよ。」

「そうか。じゃ、耳《みみ》のあかをそうじして、聞《き》きのがさないようにしなくちゃ。」

「耳《みみ》だけじゃだめだ。目《め》もよく開《あ》けなければ。見《み》る、聞《き》く、そして、心《こころ》で感《かん》じることだよ。」

こうして歩《ある》くうち、ふたりはいろいろと、めずらしい話《はなし》を聞《き》くことができました。卵《たまご》うみの記録《きろく》をつくっためんどりの話《はなし》。最近《さいきん》遠《とお》い土地《とち》から引《ひ》っこしてきた新《あたら》しい家族《かぞく》の話《はなし》。町中《まちじゅう》に自転車《じてんしゃ》乗《の》りがはやって、近《ちか》く競走大会《きょうそうたいかい》が開《ひら》かれる話《はなし》。市長《しちょう》さんのおじょうさんが百日《ひゃくにち》ぜきにかかった話《はなし》など。

もらった配達賃《はいたつちん》は、毎週《まいしゅう》、妹《いもうと》のキャサリンがノートに書《か》きこんでは、貯金箱《ちょきんばこ》に入《い》れて、積《つ》みたてました。

「オーブ、一生懸命《いっしょうけんめい》はたらいたおかげで、どうやら新聞《しんぶん》を出《だ》す資金《しきん》ができたよ。さあ、始《はじ》めよう。」

ウィルバーがほがらかに言《い》いました。

記事《きじ》を書《か》く、活字《かつじ》を組《く》む、印刷《いんさつ》をする。キャサリンも手《て》つだいました。それでも足《た》りなくて、エド・サインズも助手《じょしゅ》として、仲間《なかま》に入《い》れました。

すりあがったのは、夜《よる》おそくでした。

インキのにおいも新《あたら》しい新聞《しんぶん》、『西部《せいぶ》のニュース』第《だい》1号《ごう》。

配達少年《はいたつしょうねん》が町中《まちじゅう》をかけまわりました。

「ほほう、これはおもしろい。なになに、ブラウンさんのところでは、新《あたら》しい雄牛《おうし》を1頭買《とうか》ったが、えさを食《た》べないので、こまっているだって。ははは。」

「まあ、バターはレイノルドさんとこが、いちばん安《やす》いんですってよ。さっそく行《い》ってみましょうよ。」

たいへんな評判《ひょうばん》で、100部《ぶ》はたちまち売《う》りきれてしまいました。2週目《しゅうめ》は200部《ぶ》、3週目《しゅうめ》は300部《ぶ》、とふえていき、またたくまに500部《ぶ》になりました。

というのも、むずかしいことを書《か》かず、町《まち》の人《ひと》びとの身近《みぢか》なニュースを集《あつ》めて、たのしく、おもしろく編集《へんしゅう》してあったからです。

21歳《さい》のウィルバーが編集長《へんしゅうちょう》、17歳《さい》のオービルが発行者《はっこうしゃ》で、『西部《せいぶ》のニュース』はちゃくちゃくと発展《はってん》していきました。

ところが、この幸《しあわ》せの後《うし》ろに、ひとつの暗《くら》い影《かげ》がしのびこんでいました。

お母《かあ》さんのスーザン・キャサリンは一度《いちど》、肺《はい》の病気《びょうき》にかかりましたが、快復《かいふく》したように見《み》えました。しかし、わかいころのように、きびきびとはたらくことはできなくなっていました。

そのうち、いつのまにか病気《びょうき》が進《すす》んで、肺結核《はいけっかく》の診断《しんだん》を受《う》けたのです。そのころは、この病気《びょうき》を起《お》こす原因《げんいん》もよくわかりませんでしたから、手当《てあ》ての方法《ほうほう》もありません。

ライト牧師《ぼくし》は、あいかわらず、仕事《しごと》で旅行《りょこう》に出《で》かけ、家《いえ》を留守《るす》にしがちです。そのため、看護《かんご》はウィルバーたち兄弟《きょうだい》の肩《かた》にかかっていました。

お母《かあ》さんは、朝《あさ》はわりあい元気《げんき》で、2階《かい》から、ひとりでとことこおりてきては、ウィルバーたちがつくった、ゆりいすにすわります。そして、息子《むすこ》たちや、娘《むすめ》のようすをながめたり、ときには話《はなし》を聞《き》いてやり、

「それは、こうしたら。」

とか、

「このあいだのことは、ちゃんとできたの。」

とか、指図《さしず》をしたり、注意《ちゅうい》をあたえたりします。

やがて、夕方《ゆうがた》になると、2階《かい》の寝室《しんしつ》へもどっていきますが、このときは自分《じぶん》の力《ちから》では階段《かいだん》をのぼることができないので、ウィルバーがだきあげてやるのでした。

けれど、病気《びょうき》になってからも、お母《かあ》さんは、ちっともめそめそしませんでした。つとめてほがらかにふるまい、新《あたら》しいことを考《かんが》えだしては、息子《むすこ》たちをはげましました。

お説教《せっきょう》はしませんでした。体《からだ》で、心《こころ》で教《おし》えました。なにを教《おし》えたのでしょうか。そ

れは、

（自分《じぶん》の運命《うんめい》は、自分《じぶん》で切《き》りひらいていけ。）

ということではなかったでしょうか。

最後《さいご》のときが来《き》たのは、1889年《ねん》7月《がつ》4日《よっか》でした。

ライト一家《いっか》の大黒柱《だいこくばしら》として、子《こ》どもたちの心《こころ》をささえていたともしびは、静《しず》かに消《き》えていきました。

ベッドのまわりに集《あつ》まった子《こ》どもたちの顔《かお》を、かわるがわる見《み》つめ、うなずくようにしていましたが、やがて、大《おお》きな息《いき》をはいて、目《め》をとじました。

「お母《かあ》さん。」

「お母《かあ》さん。」

「お母《かあ》さま。」

ウィルバー、オービル、キャサリンがよびましたが、返事《へんじ》はありませんでした。

58歳《さい》でした。あと、もう15年《ねん》ばかり生《い》きながらえることができたら、ウィルバーとオービルの飛行機《ひこうき》の発明《はつめい》と成功《せいこう》という、かがやかしい日《ひ》を見《み》ることができたでしょうに……。

ささやかなおとむらいをすませたあと、ウィルバーが言《い》いました。

「ぼくたち兄弟《きょうだい》は、これまでも力《ちから》を合《あ》わせてきた。お母《かあ》さんが亡《な》くなったいま、いっそう心《こころ》と力《ちから》を合《あ》わせて、がんばろう。」

「ぼく、学校《がっこう》をやめるよ。」

オービルが言《い》いました。

「いや、オーブ、もうすぐ卒業《そつぎょう》だろう。幸《さいわ》い、印刷《いんさつ》の仕事《しごと》がうまくいっているから、学費《がくひ》のほうはだいじょうぶだよ。」

「でも、ぼくは印刷《いんさつ》のほうがおもしろいな。」

オービルは、ほんとうに印刷業《いんさつぎょう》のほうがおもしろかったので、卒業《そつぎょう》まえに高校《こうこう》を退《たい》学《がく》しました。

ウィルバーもオービルも、大学《だいがく》へは進《すす》んでいません。

ライト家《け》では、上《うえ》のふたりの兄《にい》さんと、妹《いもうと》のキャサリンは大学《だいがく》へ行《い》っていますが、どうしてウィルバーとオービルだけが、高等学校《こうとうがっこう》しか行《い》かなかったのでしょうか。しかも、ふたりはそれをかくべつに、残念《ざんねん》だとも、うらやましいとも思《おも》ったようすはありません。

そのころは、学者《がくしゃ》にでもなろうというのでなければ、どうしても大学《だいがく》へ行《い》かなければならない、などという考《かんが》えはありませんでした。まして、ウィルバーとオービルは、印刷《いんさつ》と新聞《しんぶん》の仕事《しごと》に自信《じしん》とほこりをもち、りっぱに一人前《いちにんまえ》の働《はたら》きをしているのです。

このことは、お母《かあ》さんの死《し》をさかいにして、ますます強《つよ》まってきました。

（お母《かあ》さんのかわりに、ライト家《け》の柱《はしら》にならなければならない。）

という気持《きも》ちがわいてきました。

ふたりは決心《けっしん》したのです。

（もう、子《こ》どもではない。社会《しゃかい》に生《い》きる大人《おとな》として、ぼくたちは、自分《じぶん》たちの道《みち》を進《すす》もう。）

3 大空《おおぞら》にかける夢《ゆめ》

ライト自《じ》転《てん》車《しゃ》商《しょう》会《かい》

『西部《せいぶ》のニュース』は、ますます繁盛《はんじょう》していきました。こうなると、欲《よく》が出《で》てきて、

「兄《にい》さん、週刊《しゅうかん》を日刊《にっかん》にしたら、もっともうかるよ。」

オービルが言《い》いました。

「それはどうかなあ。」

ウィルバーは首《くび》をかしげました。

「ぜったい、だいじょうぶだよ。」

オービルがこう言《い》うのには、わけがありました。

オービルは頭《あたま》の働《はたら》きがすばやいばかりか、手先《てさき》も器用《きよう》で、普通《ふつう》の植字工《しょくじこう》（活字《かつじ》をひ

ろって組《く》む人《ひと》）の2倍《ばい》のスピードで活字《かつじ》を組《く》んだといいます。

また、広告《こうこく》ビラやパンフレットの注文《ちゅうもん》をとってくるのも、オービルのほうが多《おお》くて、この仕事《しごと》では、ウィルバーは弟《おとうと》に一目《いちもく》おいていましたから、「ぜったい、だいじょうぶ。」と言《い》われると、そんな気持《きも》ちがしてきました。

1890年《ねん》の春《はる》、ふたりは『西部《せいぶ》のニュース』を『イブニング・アイテム』と名《な》をかえて、日刊新聞《にっかんしんぶん》に切《き》りかえました。

がぜん、いそがしくなりました。なにしろ毎日発行《まいにちはっこう》しなければならないので、それだけ仕事《しごと》もふえ、お金《かね》もたくさんかかります。

このころは、エドをはじめ数人《すうにん》の印刷工《いんさつこう》がいましたが、それでも追《お》いつきません。さすがのオービルも、とうとう悲鳴《ひめい》をあげてしまいました。

「兄《にい》さん、やっぱり日刊新聞《にっかんしんぶん》をやるには、町《まち》の大《おお》きな印刷工場《いんさつこうじょう》にかなわないね。」

「うん、今度《こんど》は、どうやら失敗《しっぱい》だったな。」

「やめようよ。」

「えっ、やめるだって？　始《はじ》めたばかりなのに。」

「失敗《しっぱい》とわかったら、傷口《きずぐち》が大《おお》きくならないうちにやめるのが商売《しょうばい》だよ。」

「そうか。残念《ざんねん》だが、そうしよう。」

わずか3か月《げつ》で、兄弟《きょうだい》は『イブニング・アイテム』をきっぱりやめてしまいました。

思《おも》い切《き》りがよかったおかげで、たいしたそんもしないですみましたが、ふたりはただ、もうからないというだけで、仕事《しごと》を投《な》げだしてしまったのでしょうか。

すこしちがいます。新聞《しんぶん》を出《だ》す仕事《しごと》は、けっきょく、記事《きじ》を集《あつ》め、活字《かつじ》を組《く》み、紙《かみ》にすって、配《くば》ることだけです。はじめのうちこそ、なれないつらさで、かえって張《は》り合《あ》いがあり、機械《きかい》が故障《こしょう》するたびに、それを直《なお》すという、楽《たの》しみもありました。

しかし、なれてしまうと、毎日《まいにち》が同《おな》じことのくりかえしで、だんだんつまらないと思《おも》うようになりました。なんといっても、ふたりは新《あたら》しいことを考《かんが》え、それをつくりだすのが、いちばんすきなのです。

「オーブ、このごろは自転車《じてんしゃ》に乗《の》る人《ひと》がふえてきたな。」

窓《まど》ごしに、往来《おうらい》を見《み》ていたウィルバーが、なにげなく言《い》いました。すると、オービルがすぐに言《い》いました。

「そうだ。兄《にい》さん、自転車《じてんしゃ》の修理屋《しゅうりや》を始《はじ》めないか。」

このころは、まだ自動車《じどうしゃ》はなく、自転車《じてんしゃ》が地方《ちほう》の乗《の》りものの花形《はながた》として、ようやくこのいなか町《まち》にも、はやりだしたころでした。

兄弟《きょうだい》も、印刷《いんさつ》のお得意《とくい》まわりに1台《だい》使《つか》っていて、いじくっているうちに、すっかりすきになってしまいました。つくり方《かた》や、機械《きかい》の働《はたら》きもわかりました。

ところが、このころの自転車《じてんしゃ》は、まだ完全《かんぜん》なものではなく、乗《の》る人《ひと》もへたなら、道《みち》も悪《わる》いので、よくこわれました。

「自転車《じてんしゃ》の修理屋《しゅうりや》をやろう。」

と考《かんが》えたのは、目《め》のつけどころがよかったといえるでしょう。

ふたりは、西《にし》3番街《ばんがい》に、れんがづくりの2階屋《かいや》を見《み》つけ、そこに、

ライト自転車商会《じてんしゃしょうかい》

というかんばんをかかげて、開店《かいてん》しました。

「今度《こんど》できたライト自転車商会《じてんしゃしょうかい》は、腕《うで》もたしかだし、真面目《まじめ》だし、なにより料金《りょうきん》が安《やす》いぞ。」

こんな評判《ひょうばん》が立《た》って、しだいにお客《きゃく》が集《あつ》まってきました。

というのは、ライト兄弟《きょうだい》は、たばこもすわず、酒《さけ》も飲《の》まず、遊《あそ》びに出《で》かけることもなく、仕事《しごと》だけが生《い》きがいのように、はたらいたからです。

「兄《にい》さん、修理《しゅうり》だけでなく、中古品《ちゅうこひん》を組《く》みたてて売《う》りだそうよ。」

「うん。それは、ぼくも考《かんが》えていたんだ。」

ふたりは、ごく安《やす》い値段《ねだん》で、使《つか》えなくなった自転車《じてんしゃ》を集《あつ》め、そのなかの使《つか》える部品《ぶひん》を利用《りよう》して、中古自転車《ちゅうこじてんしゃ》をつくりました。これだと、原価《げんか》5ドルぐらいのものが30ドルぐらいで売《う》れます。

はたして、ライト自転車商会《じてんしゃしょうかい》の中古自転車《ちゅうこじてんしゃ》は、引《ひ》っぱりだこになりました。

しかし、これは、だれにでもできるという仕事《しごと》ではありません。その古《ふる》い部品《ぶひん》がどのくらい使《つか》えるか、どの部品《ぶひん》と、どの部品《ぶひん》を組《く》みあわせたらよいかを見分《みわ》ける、たしかな目《め》がなければなりません。ライト兄弟《きょうだい》だから、はじめてできることでした。

それでも、なお、問題《もんだい》がありました。どうしても足《た》りない部品《ぶひん》があるのです。そこで、ふたりは「ライト自転車商会《じてんしゃしょうかい》」と、大《おお》きな字《じ》で印刷《いんさつ》した、便《びん》せんをつくりました。その下《した》に、

社長《しゃちょう》　ウィルバー・ライト

副社長《ふくしゃちょう》　オービル・ライト

と書《か》いて、マサチューセッツ州《しゅう》、スプリングフィールドの新式自転車製作所《しんしきじてんしゃせいさくじょ》へ手紙《てがみ》を送《おく》りました。

「代理店《だいりてん》になりたいから、部品《ぶひん》を送《おく》ってください。」

この手紙《てがみ》を読《よ》んだマサチューセッツの大工場《だいこうじょう》の主人《しゅじん》は、すっかり感激《かんげき》してしまいました。ライト兄弟《きょうだい》を大《おお》きな実業家《じつぎょうか》と思《おも》いこんだからです。

新《あたら》しい部品《ぶひん》が送《おく》られてくると、それに古《ふる》い部品《ぶひん》を組《く》みあわせ、きれいにぬって、

バン・クリーブ号《ごう》

と名《な》をつけて、売《う》りだしました。

この名《な》は、デートン市《し》をつくった人《ひと》の名前《なまえ》からとったものです。

バン・クリーブ号《ごう》は、はじめの年《とし》に、12台《だい》ほど売《う》れました。値段《ねだん》は1台《だい》100ドル。そのころとしては、とても高《たか》いものでした。しかし、なんといっても、自転車《じてんしゃ》は、そのころの流行《りゅうこう》のさきがけをした乗《の》りものであり、しかも、いっぺんにたくさんつくれなかったのですから、安《やす》くはできなかったのでしょう。

こうして、兄弟《きょうだい》の自転車商売《じてんしゃしょうばい》は、なかなか繁盛《はんじょう》し、これだけで、りっぱにやっていける見通《みとお》しがつきました。それで、ながらくやってきた印刷業《いんさつぎょう》をエド・サインズにゆずり、自転車《じてんしゃ》ひとすじでやっていくことになりました。

「兄《にい》さん、ぼく、いいこと考《かんが》えた。」

ある日《ひ》、オービルが言《い》いました。

「きみは、なんでも考《かんが》えつくんだな。」

ウィルバーがわらいました。

「バン・クリーブ号《ごう》だけど、やはり100ドルは高《たか》いね。子《こ》どもにせがまれて、すぐ買《か》ってやれる値段《ねだん》じゃないもの。」

「では、値下《ねさ》げするのかい。」

「それはできないよ。だから、バン・クリーブ号《ごう》が、どんなにすぐれた自転車《じてんしゃ》であるかを、みんなに知《し》ってもらう必要《ひつよう》があるんだ。100ドルでも高《たか》くないということを知《し》らせるんだ。」

「どうやって？」

「自転車競走大会《じてんしゃきょうそうたいかい》を開《ひら》くんだよ。」

オービルがたおれた

自転車競走大会《じてんしゃきょうそうたいかい》。

もし、この大会《たいかい》で勝《か》てば、店《みせ》の名《な》もあがり、信用《しんよう》も高《たか》まります。したがって、バン・クリーブ号《ごう》の売《う》れゆきもますでしょう。

大会《たいかい》まであと1週間《しゅうかん》。

ライト兄弟《きょうだい》は、例《れい》によって、正確《せいかく》な図《ず》をかきました。といっても、今度《こんど》は紙《かみ》にかくのではなく、頭《あたま》の中《なか》にかくのです。

タイヤに入《い》れる空気《くうき》はどれくらいがよいか。ボールベアリングのしめかげん。油《あぶら》はなにがいいか、その入《い》れ方《かた》。また、空気《くうき》の抵抗《ていこう》をへらすため、自転車《じてんしゃ》に乗《の》ったときの姿勢《しせい》は、どうしたらいちばんよいか。ペダルのふみ方《かた》は……など、あらゆる研究《けんきゅう》をしました。

「オーブ、さあ、練習《れんしゅう》だ。」

兄弟《きょうだい》は朝早《あさはや》く、バン・クリーブ号《ごう》を引《ひ》いて、公園《こうえん》へ出《で》かけていきます。ウィルバーは、大《おお》けがをしてから、むりがきかないので、乗《の》るのはオービルです。

「スタート。」

合図《あいず》と同時《どうじ》に、走《はし》りだすと、

「待《ま》て、オーブ。競走《きょうそう》はスタートがかんじんだよ。走《はし》りだした3秒間《びょうかん》で、4車身《しゃしん》も引《ひ》きはなしていなければならないんだ。やりなおし。」

ウィルバーが注意《ちゅうい》します。

「上半身《じょうはんしん》はぐっとひくくして、腰《こし》をあげる。そうだ、ハンドルのにぎりを下《した》のほうにつくりなおそう。」

オービルもいろいろくふうしながら、朝《あさ》もやをついて、公園《こうえん》のまわりをなんべんも走《はし》ります。

「どうだい、調子《ちょうし》は。」

「なかなかいいよ。足腰《あしこし》がぐんと強《つよ》くなった気《き》がする。だが、ペダルのふみ方《かた》をもうひとくふうして、息《いき》が長《なが》つづきするようにしなくちゃ。」

ライト兄弟《きょうだい》は、ひとつのことに熱中《ねっちゅう》する性質《せいしつ》で、大会《たいかい》までは、ほかのことは考《かんが》えず、どうしたら速《はや》く走《はし》れるかばかりです。

この性格《せいかく》は、両親《りょうしん》から受《う》けついだ、生《う》まれつきのものでもありましたが、ふたりの努力《どりょく》によるところも大《おお》きかったのです。というのは、ふたりは真面目《まじめ》いっぽうで、町《まち》のパーティーへ出《で》かけて、さわいだりすることも、ほとんどありませんでした。

しかし、ただひとつ、そのころデートン市《し》ではやっていた読心術《どくしんじゅつ》とか、記憶術《きおくじゅつ》とかいわれるものには、かなりこって、よく習《なら》いに通《かよ》いました。

これは、一種《いっしゅ》の心《こころ》のスポーツで、気持《きも》ちをひとつのことに集中《しゅうちゅう》させ、頭《あたま》の働《はたら》きをきたえ、感《かん》じる力《ちから》をするどくさせるのです。

この方法《ほうほう》を学《まな》んだことは、おそらく機械《きかい》のとりあつかいや、科学《かがく》の研究《けんきゅう》のうえで、ふたりには大《おお》きなプラスになっただろうと思《おも》われます。

さて、いよいよ自転車競走大会《じてんしゃきょうそうたいかい》の日《ひ》がきました。

町《まち》の郊外《こうがい》に集《あつ》まった自転車《じてんしゃ》は、ざっと五十数台《すうだい》。まず、少年《しょうねん》たちのレースが行《おこな》われ、つづいてオービルの出場《しゅつじょう》する大人組《おとなぐみ》です。

「用意《ようい》、ドン。」

ピストルが鳴《な》り、いっせいにスタート。と、見《み》るまに、オービルはすでに3車身《しゃしん》も前《まえ》に出《で》ていました。

「わあっ。」

「わあっ。」

わきあがる歓声《かんせい》の波《なみ》をくぐって、懸命《けんめい》の力走《りきそう》が始《はじ》まりました。

オービルは上半身《じょうはんしん》をひくくかがめ、リズムをつけてペダルをこぎます。郊外《こうがい》から町《まち》へ、公園《こうえん》をひと回《まわ》りしたとき、ふりかえると、ほかの自転車《じてんしゃ》は100メートルも後《うし》ろを走《はし》っています。

夏《なつ》の暑《あつ》い日《ひ》ざしを受《う》けて、白《しろ》くきらきらと車体《しゃたい》をきらめかしながら、まっしぐらに

ゴールめがけてつっこんでくるオービルを見《み》て、

「だれだ、先頭《せんとう》は。」

「ライト牧師《ぼくし》さんの息子《むすこ》だ。」

「あのかわり者《もの》か。それにしてもやるなあ。」

「自転車《じてんしゃ》はどこの社《しゃ》の製品《せいひん》だろう。」

「ライト社《しゃ》だそうだ。」

「名前《なまえ》は。」

「バン・クリーブ号《ごう》。」

「へんてこな名《な》だが、まったく、とんでるみたいに速《はや》いなあ。」

人《ひと》びとはおどろくやら、あきれるやら、口々《くちぐち》に言《い》ってさわいでいましたが、オービルがゴールインすると、「わあっ。」とかけよって、あとは、なにがなんだかわからなくなってしまいました。

バン・クリーブ号《ごう》は、このレースによって、いちやく町《まち》の人気《にんき》をひとりじめにし、注文《ちゅうもん》もあいついで来《き》ました。新《あたら》しく人《ひと》を二、三人《にん》やとい、ライト自転車商会《じてんしゃしょうかい》は、日《ひ》に日《ひ》に繁盛《はんじょう》していきます。

もうなにもいうことはないわけですが、しかし、世《よ》の中《なか》はなかなかうまくいかないものです。

「兄《にい》さん、ぼく、なんだかつかれたよ。」

ある日《ひ》、オービルが部屋《へや》に入《はい》ってくるなり、ぐったりいすにもたれかかりました。

「顔《かお》が赤《あか》いじゃないか。熱《ねつ》があるのとちがうか。」

「うん、すこし。かぜをひいたらしい。」

「薬《くすり》を飲《の》んで、すぐ休《やす》むといいよ。」

「そうしよう。なあに、ひと晩《ばん》ねむればなおってしまうさ。」

だが、オービルの熱《ねつ》は、夜《よる》になってもさがりませんでした。医者《いしゃ》がよばれました。

診察《しんさつ》を終《お》えると、医者《いしゃ》はまゆをひそめながら、

「これは、かぜなんかじゃありませんよ。チフスです。」

「えっ、チフスですって。」

ウィルバーもびっくりしました。

そのころは、この伝染病《でんせんびょう》に対《たい》するよい薬《くすり》もなく、治療《ちりょう》の方法《ほうほう》もわからなかったので、

(チフスにかかったら、死《し》ぬほかはない。)

というのが、あたりまえだったのです。

「ともかく熱《ねつ》をさげることが第《だい》一です。大《おお》きなつぼに水《みず》を入《い》れてください。氷《こおり》をたくさん入《い》れてね。布《ぬの》を用意《ようい》して、額《ひたい》をひやしてください。それから、だれか、つきっきりで看護《かんご》できる人《ひと》がいますか。」

「います。大学《だいがく》へ行《い》っている妹《いもうと》をよびましょう。」

さっそくキャサリンがよばれ、夜《よる》も昼《ひる》も、ベッドのそばをはなれずに看護《かんご》しました。

オービルは2週間《しゅうかん》というもの、高《たか》い熱《ねつ》にうかされつづけました。ときどき、

「ぼくたち、とんだよ、とんだよ。」

と、うわごとを言《い》ったのは、子《こ》どものころ、お母《かあ》さんに手《て》つだってもらったそりで、ビッグ・ヒルをすべったときのことを、夢《ゆめ》に見《み》たのでしょうか。

それとも、たこあげ大会《たいかい》で、人間《にんげん》の乗《の》れるたこをつくって、空《そら》をとびたいと考《かんが》えたときのことを思《おも》いだしたのでしょうか。

苦《くる》しい3週間《しゅうかん》がすぎました。オービルの熱《ねつ》はようやくひきはじめ、ベッドの上《うえ》で起《お》きあがれるまでになりました。

「よかったな。もうだいじょうぶだと、お医者《いしゃ》さんも言《い》ってたよ。」

「ありがとう、これもキャサリンのおかげだ。まったく、一生懸命《いっしょうけんめい》に看護《かんご》してくれたからね。熱《ねつ》にうかされながらも、ぼくには、それがよくわかったよ。」

「いいえ、オーブ兄《にい》さんは、自分《じぶん》で病気《びょうき》とたたかって勝《か》ったのよ。でも、まだむりしちゃだめよ。お医者《いしゃ》さまは、少《すく》なくとも、あと2か月《げつ》は、じっとしてなければだめだと、おっしゃってたわ。」

「えっ、あと2か月《げつ》も……つらいなあ。」

そのとおり、もともと元気《げんき》なオービルは、病気《びょうき》がよくなると、一日中《いちにちじゅう》ベッドにいるのが、たまらなくなりました。

「たいくつだなあ。兄《にい》さん、なんかニュースない？」

「ニュースか、あるとも。ええと、オットー・リリエンタール墜死《ついし》——おっ、こりゃあ大事件《だいじけん》だ。」

「なに、リリエンタールだって？　その名前《なまえ》、どこかで聞《き》いたことがあるね。」

「ほら、去年《きょねん》、ドイツ人《じん》のリリエンタールが、グライダーで空中《くうちゅう》にうかぶことに成功《せいこう》したというニュースを読《よ》んだことがあるじゃないか。」

「そうだ、その人《ひと》だ。でも、なぜ、死《し》んだんだろう。」

「短《みじか》い記事《きじ》で、くわしいことはのっていないが……。」

ウィルバーが、新聞《しんぶん》で知《し》ったことを話《はな》して聞《き》かせました。

それによると、リリエンタールは、その後《ご》も研究《けんきゅう》をつづけ、新《あたら》しい操縦法《そうじゅうほう》でグライダーをとばしていましたが、とつぜん、なにかのまちがいが起《お》こって、15・5メートルの高《たか》さから地面《じめん》にたたきつけられました。首《くび》の骨《ほね》が折《お》れ、24時間《じかん》足《た》らずで死《し》んでしまったというのです。それは1896年《ねん》8月《がつ》10日《とおか》のことでした。

一瞬《いっしゅん》、兄弟《きょうだい》の体《からだ》の中《なか》を、電流《でんりゅう》のようなものが走《はし》り、ちかちかと火花《ひばな》をちらしたかと思《おも》われました。

グライダーでとぼう

ライト兄弟《きょうだい》が空《そら》への興味《きょうみ》をいだいたのは、これまでに、だいたい3回《かい》ありました。第《だい》1回《かい》は、お父《とう》さんからおもちゃのヘリコプターをもらったとき。第《だい》2回《かい》は、たこをつくってあげたとき。第《だい》3回《かい》は、ヘリコプターの大《おお》きいのをつくろうとしたときです。

しかし、それは水《みず》にうかぶあわのように、心《こころ》にうかんでは消《き》え、うかんでは消《き》えていきます。そして、最後《さいご》のものが消《き》えさってから、すでに10年《ねん》の年月《ねんげつ》が流《なが》れているのです。

そのあいだ、印刷屋《いんさつや》をやり、自転車屋《じてんしゃや》をやり、はたらくことだけに、夢中《むちゅう》ですごしてきました。

けれど、「空《そら》をとびたい。」という気持《きも》ちは、まったく消《き》えさったわけではなく、心《こころ》の底《そこ》にくすぶりつづけていたのです。なにかのきっかけがあれば、それは、ぱっともえあがるでしょう。

その火《ひ》をつけたのが、リリエンタールの死《し》でした。

「新聞《しんぶん》はこう言《い》っているよ。『なんてばかなことをしたものだろう。』と。」

「兄《にい》さん、ほんとうに、ばかなことだろうか。」

「いや、ぼくはそうは思《おも》わない。リリエンタールは、不幸《ふこう》にしてしくじったけれど、かならずだれかの手《て》に引《ひ》きつがれるだろう。」

「だれの手《て》に？」

「それはわからないけれど、もしかすると、ぼくたちかもしれないじゃないか。」

「そうだ、兄《にい》さん、ぼくたちでやってみようよ。」

オービルは、思《おも》わずベッドから起《お》きあがりました。

「まあ、そう興奮《こうふん》するなよ。きみの体《からだ》はまだ、むりができないんだからね。」

ウィルバーがおしとどめました。

「やると決《き》まったら、なにから手《て》をつけたらいいだろうね、兄《にい》さん。グライダーをつくろうか。」

「いや、まず航空《こうくう》のことを書《か》いた本《ほん》で勉強《べんきょう》しよう。」

ウィルバーはそう言《い》って、本《ほん》だなから1冊《さつ》の本《ほん》をとりだしてきました。それはフランスのマレー教授《きょうじゅ》の書《か》いた『動物《どうぶつ》の体《からだ》のしくみ』という本《ほん》でした。

これは、お父《とう》さんがずっとまえに買《か》ってくれたもので、兄弟《きょうだい》はなんべんも読《よ》んでいます。それを思《おも》いだして、もう一度《いちど》読《よ》みかえそうというのです。

「航空《こうくう》のことを勉強《べんきょう》するのに、どうして動物《どうぶつ》の体《からだ》の働《はたら》きを書《か》いた本《ほん》を読《よ》むの？」

オービルは、はじめ首《くび》をかしげましたが、読《よ》んでいくうちに、すっかり引《ひ》きつけられてしまいました。なぜなら、この本《ほん》には、いままで、なにげなく見《み》すごしてきた鳥《とり》の体《からだ》のしくみや、とび方《かた》について、とてもくわしく書《か》いてあるからです。

「なるほど。ふむ、ちっとも知《し》らなかった。」

「鳥《とり》はどうしてとぶか。これだけでも大問題《だいもんだい》だね。」

ふたりは読《よ》み、考《かんが》えました。

それからというものは、航空《こうくう》の記事《きじ》といえば、新聞《しんぶん》に出《で》たものも、雑誌《ざっし》にのったものも、ひとつのこらず切《き》りぬいて、整理《せいり》しました。

「オーブ、こうして集《あつ》めてみると、さすがに航空《こうくう》の世界《せかい》って広《ひろ》いね。リリエンタールのドイツでも、イギリスでも、フランスでも、もちろん、このアメリカでも、熱心《ねっしん》に研究《けんきゅう》している人《ひと》が、たくさんいるね。ぼくたちもぐずぐずしていられないよ。」

「鳥《とり》のとび方《かた》や、記事《きじ》の切《き》りぬきだけじゃだめだね。」

「で、ぼくは考《かんが》えたんだ。スミソニアン協会《きょうかい》へたのんで、航空《こうくう》にかんする本《ほん》を送《おく》ってもらおう。」

スミソニアン協会《きょうかい》は、ワシントンにあり、研究所《けんきゅうじょ》、図書館《としょかん》、博物館《はくぶつかん》を合《あ》わせたようなものです。

ウィルバーは、さっそく手紙《てがみ》を書《か》いて送《おく》りました。

「わたしは、人間《にんげん》が空《そら》をとぶ機械《きかい》は、かならずできると信《しん》じています。で、この問題《もんだい》を研究《けんきゅう》するために、いままでに出《で》た航空《こうくう》の本《ほん》を送《おく》ってください。」

この手紙《てがみ》を読《よ》んだのは、サミュエル・ラングレー博士《はかせ》でした。博士《はかせ》は、いなか町《まち》の名《な》も知《し》れない青年《せいねん》の願《ねが》いをどう思《おも》ったでしょうか。変人《へんじん》、もしかしたら、すこし頭《あたま》のおかしい青年《せいねん》とは思《おも》わなかったでしょうか。

いいえ、アメリカの航空学《こうくうがく》の大家《たいか》、ラングレー博士《はかせ》も、「機械《きかい》による飛行《ひこう》はかならずできる。」と信《しん》じているひとりでした。だから、ウィルバーからの手紙《てがみ》を、たいへんよろこびました。

まもなくライト兄弟《きょうだい》のもとに、航空《こうくう》についての本《ほん》や、パンフレットや、参考書《さんこうしょ》のリストが送《おく》られてきました。ラングレー博士《はかせ》の書《か》いた『航空力学《こうくうりきがく》の実験《じっけん》』『機械飛行《きかいひこう》の実験物語《じっけんものがたり》』をはじめ、ムイヤールの『空《そら》の帝国《ていこく》』、有名《ゆうめい》なグライダーの研究家《けんきゅうか》シャヌートの『飛行機《ひこうき》の進歩《しんぽ》』、ほかに『航空年鑑《こうくうねんかん》』、リリエンタールの研究《けんきゅう》のぬき書《が》きなどもありました。

「少年《しょうねん》のころ、わたしは鳥《とり》が音《おと》もなく空《そら》をとぶのを見《み》た。わたしはこの鳥《とり》のようにとぶたこをつくろうと努力《どりょく》したが、ひとつも成功《せいこう》しなかった。そのとき、わたしは鳥《とり》の翼《つばさ》が平《たい》らでないことに気《き》がついた。翼《つばさ》はカーブしていた。そこで、わたしは鳥《とり》の翼《つばさ》に似《に》た大《おお》きなたこをつくった。それを丘《おか》の上《うえ》からとばすと、たしかに、たこはしばらく空《そら》をとんで、やがて、わけなく地面《じめん》におりることができた。」

これを読《よ》んだとき、兄弟《きょうだい》は体《からだ》がふるえてきました。

「すばらしいなあ、リリエンタールは。ぼくたちと同《おな》じことをやっているじゃないか。だが、ぼくたちは、すこしカーブしているたこをつくることまでは考《かんが》えつかなかったね。」

「まったくだ。リリエンタールは、それから、何十《なんじゅう》というたこをつくって実験《じっけん》し、とうとうそれに乗《の》って、丘《おか》の上《うえ》からとんだんだ。」

「ほんとうかい。」

「ほんとうさ。風《かぜ》の具合《ぐあい》のよいときは、ほとんど1分間《ぷんかん》、空《そら》にうかぶことができた、と言《い》っている。」

「どんなたこだろう。」

「いや、リリエンタールは、それをグライダーとよんでいる。」

「グライダー、グライダー。」

オービルは、口《くち》の中《なか》でくりかえしました。

「だが、それは、ほんとうにとんだとは言《い》えないと思《おも》う。」

「なぜ?」

「風《かぜ》にたよっているからだ。人間《にんげん》が主人《しゅじん》になって、風《かぜ》のないときでも、行《い》きたいところに行《い》けてこそ、はじめてとんだことになるんじゃないか。」

「それができたら、すばらしいなあ。」

ふたりは夜《よる》おそくまで、本《ほん》を読《よ》み、議論《ぎろん》しました。

キャサリンが心配《しんぱい》して、兄《あに》たちの気持《きも》ちをほかにそらそうと、大学《だいがく》の女友《おんなとも》だちをつれてきたこともありましたが、航空《こうくう》に夢中《むちゅう》になっているふたりは、見向《みむ》きもしませんでした。

兄弟《きょうだい》は、グライダーについての論文《ろんぶん》がのっている雑誌《ざっし》を12冊《さつ》も手《て》に入《い》れました。それらはほとんどが、大学《だいがく》の先生《せんせい》や、発明家《はつめいか》・技師《ぎし》・科学者《かがくしゃ》が書《か》いたもので、むずかしい専門《せんもん》の言葉《ことば》が、たくさん出《で》てきます。

その言葉《ことば》を理解《りかい》するには、物理《ぶつり》や、機械工学《きかいこうがく》や、製図《せいず》を勉強《べんきょう》しなければなりません。高等学校《こうとうがっこう》に通《かよ》っただけのふたりには、たいへんなことでした。でも、ふたりは一歩《いっぽ》一歩《いっぽ》、乗《の》りこえていきました。

「オーブ、ぼくたちもグライダーをつくって、だれよりも遠《とお》くへとばそう。」

ウィルバーが言《い》いました。

「とばすとも。」

オービルがきっぱりと答《こた》えました。

問題《もんだい》はふたつある

1年《ねん》がたちました。

オービルの健康《けんこう》が立《た》ちなおるにつれて、ライト兄弟《きょうだい》のグライダー研究《けんきゅう》は、ますます熱《ねっ》がくわわってきました。

しかし、そのあいだにも、さまざまなことがありました。

フランスのクレマン・アデールと、イギリスのハイラム・マキシムが大《おお》きなエンジンをつけた機械《きかい》をとばしましたが、アデールのはすぐこわれてしまい、マキシムのはわずかにとんだだけで、あきらめてしまいました。

しかも、これをつくるのに、アデールが12万《まん》ドル使《つか》い、マキシムが20万《まん》ドル使《つか》ったというのです。

「ぼくたちには、そんな大金《たいきん》はない。せいぜい1年間《ねんかん》に500ドルも出《だ》せるか出《だ》せないかだ。万《まん》となれば、10年《ねん》かかっても、むりだよ。」

「じゃ、政府《せいふ》から研究費《けんきゅうひ》を出《だ》してもらうようにたのもうか。」

「けれど、名《な》も知《し》れないただの自転車屋《じてんしゃや》に、おいそれと出《だ》してくれやしないよ。」

「それもそうだな。」

「ぼくは、マキシムの機械《きかい》をよく研究《けんきゅう》してみたんだ。それによると、マキシムの翼《よく》は、エンジンと乗《の》り手《て》の重《おも》さをささえるのにじゅうぶんだった。また、エンジンは機《き》を空中《くうちゅう》に舞《ま》いあがらせるだけの力《ちから》もあった。ただ、どうしたら機《き》の安定《あんてい》をたもち、どうしたら、かじを動《うご》かせるかを知《し》らなかったのだと思《おも》う。」

「それにしても、20万《まん》ドルか。」

「うん。ぼくたちにできるのは、やはりリリエンタールか、シャヌートのやり方《かた》しかないな。あれなら、木《き》の棒《ぼう》と、布《ぬの》だけだから、せいぜい300ドルか400ドルあればいいだろう。」

「しかし、リリエンタールだって、死《し》ぬまで5年間《ねんかん》も研究《けんきゅう》し、2000回以上《かいいじょう》もとんだのに、空《そら》にうかんでいたのは、合《あ》わせてたった5時間《じかん》だったというじゃないか。」

どうも兄弟《きょうだい》の耳《みみ》に入《はい》ってくるニュースは、暗《くら》いものばかりです。そのうえ、追《お》いうちをかけるように、とびこんできたのは、

「リリエンタールの流《なが》れをくむイギリスのグライダー研究家《けんきゅうか》、パーシー・ピルチャーが落《お》ちて死《し》んだ。」

という知《し》らせでした。

事故《じこ》は1899年《ねん》9月《がつ》のことで、ピルチャーが空《そら》をとんでいるとき、機体《きたい》の後《うし》ろをとめているささえの針金《はりがね》が切《き》れ、グライダーは地上《ちじょう》にたたきつけられたのです。

さすがのライト兄弟《きょうだい》も、このニュースには、ぎくっとしました。

航空《こうくう》にとりつかれた者《もの》は、だれでも、最後《さいご》には落《お》ちて死《し》ぬのが運命《うんめい》なのではないか

と。

「わかったぞ。」

そのとき、ウィルバーが、とつぜん、大声《おおごえ》でさけびました。オービルがびっくりして、

「な、なんだい、兄《にい》さん。」

「空《そら》をとぶのに、いちばん大切《たいせつ》なことがわかったのだ。それは安定《あんてい》だよ。いいかい、オーブ。リリエンタールだって、ピルチャーだって、マキシムだって、アデールだって、空《そら》へ舞《ま》いあがることでは、けっして失敗《しっぱい》してはいない。ある程度《ていど》成功《せいこう》しているのだ。

ただ、あがることはあがっても、自由《じゆう》がきかず、ぐらぐらして、ちょっとした風《かぜ》にも安定《あんてい》をうしない、墜落《ついらく》したのだ。問題《もんだい》は、翼《よく》のつくり方《かた》と、空中《くうちゅう》でどのように操縦《そうじゅう》し、安定《あんてい》をとるかだ。いままでのは、それがかけていたのだ。」

「そうだ。そのとおりだよ、兄《にい》さん。」

オービルも、思《おも》わず興奮《こうふん》してさけびました。

「ぼくたち、自転車屋《じてんしゃや》なのに、なぜそのことに気《き》がつかなかったのだろう。二輪《にりん》の車《くるま》を満足《まんぞく》に走《はし》らせるには、安定操縦《あんていそうじゅう》がいちばん大《おお》きな鍵《かぎ》なんだからね。車輪《しゃりん》や、軸受《じくう》けがどんなによく、なめらかに回《まわ》っても、ハンドルがぐらぐらだったら、あぶなくて、とても乗《の》れたもんじゃない。グライダーだって同《おな》じことだよ。」

もっとも、この安定《あんてい》の問題《もんだい》に、いままで、だれも気《き》づかなかったわけではありません。すでに模型機《もけいき》では、かなりのところまで進《すす》んでいたのです。ラングレーの模型機《もけいき》などは、ひと飛《と》び1300メートルの記録《きろく》を立《た》てています。

ラングレーは、それをそのまま大《おお》きくして、人間《にんげん》が乗《の》れるものにすればよい、と考《かんが》えていたようです。しかし、ライト兄弟《きょうだい》は、「これだけじゃ心細《こころぼそ》いなあ。」と感《かん》じとったのです。

なぜなら、まったくじゃまもののない大空《おおぞら》のまんなかに放《ほう》りだした場合《ばあい》には、それだけでいいのですが、なにかのひょうしでつり合《あ》いがくずれたときには、安定《あんてい》だけにたよっていたのでは、正《ただ》しい姿勢《しせい》にもどるまでに時間《じかん》がかかります。また、左右上下《さゆうじょうげ》にゆれうごくだけのじゅうぶんな場所《ばしょ》がいります。ところが、飛行《ひこう》機《き》が地面《じめん》の近《ちか》くをとんでいるとき、そんなにふらふらしたのでは、たちまち、なにかにぶつかってしまいます。

どうしたって、つばめのように、さっと体《からだ》をかわせないといけません。それには安定《あんてい》よりも、むしろ操縦性《そうじゅうせい》が大切《たいせつ》です。

自転車《じてんしゃ》に当《あ》てはめて考《かんが》えれば、手《て》ばなしで走《はし》っていけるのは、安定《あんてい》のおかげです。自由自在《じゆうじざい》にハンドルをあやつり、道《みち》の小石《こいし》でもなんでもさけて走《はし》れるのは、操縦性《そうじゅうせい》のよさのおかげです。

安定《あんてい》と操縦性《そうじゅうせい》。

ライト兄弟《きょうだい》の前《まえ》に立《た》ちふさがったのは、このふたつの問題《もんだい》でした。

「右《みぎ》と左《ひだり》の翼《よく》をべつべつにして、それぞれ、つけ根《ね》のところにちょうつがいをおき、すこし折《お》れまがるようにして、これをじょうずに使《つか》いこなせば、横《よこ》のつり合《あ》いがとれると思《おも》うけど。」

オービルの言葉《ことば》に、

「なるほど、理屈《りくつ》としてはよさそうだな。」

ウィルバーはすこし考《かんが》えてから、

「でも、大《おお》きな翼《よく》を、根《ね》もとのところで、ギッタンバッタン動《うご》かすのは、どうかね。」

そう言《い》われれば、そのとおりです。

「やっぱりだめか。」

オービルも、がっかりして、その考《かんが》えを引《ひ》っこめてしまいました。

それから幾日《いくにち》かすぎた、ある晩《ばん》のことです。

ウィルバーは夜《よる》おそくまで、店《みせ》で仕事《しごと》をしていました。そこへひとりのお客《きゃく》が入《はい》ってきました。

「どうもパンクばかりしてこまるが、ぜったいにパンクしないチューブはないかね。」

「いや、どんなチューブでも、パンクはしますよ。ただ、しにくいのと、しやすいのとのちがいはありますがね。……さて、こんなのはいかがでしょう。」

そう言《い》いながら、ウィルバーは、チューブの入《はい》っている紙《かみ》の箱《はこ》に手《て》をかけました。

そして、箱《はこ》を開《ひら》きにかかったとき、力《ちから》の入《い》れぐあいで、紙《かみ》の箱《はこ》がねじれるのに、ふと気《き》がつきました。

とたんに、それが頭《あたま》の中《なか》で、グライダーの翼《よく》とむすびつきました。

もう、お客《きゃく》はそっちのけ。その箱《はこ》をつかんで、一心《いっしん》に、ねじってみたり、はなしてみたり。

「きみ、チューブは?」

「ええと、かたほうの翼《よく》で、1ドル……。」

「なんだね、翼《よく》っていうのは。」

「おっと失礼《しつれい》。チューブ1本《ぽん》の値段《ねだん》です。ちょっとほかのことを考《かんが》えていたものですから……あ、どうもありがとうございました。」

ウィルバーは、店《みせ》をしめると、走《はし》るように家《いえ》に帰《かえ》りました。そして、ドアを開《あ》ける

なり、大声《おおごえ》でさけびました。

「オーブ、いいことを考《かんが》えついたぞ。」

空《そら》への道《みち》を前進《ぜんしん》

いきなり、紙《かみ》の箱《はこ》を目《め》の前《まえ》につきだされて、オービルはめんくらいました。ウィルバーが、その箱《はこ》を、しきりにねじってははなし、はなしてはねじっているのを見《み》ても、はじめは、なんのことやらさっぱりわかりません。

「兄《にい》さん、なにしてるの。その紙箱《かみばこ》がどうしたというの。ねじれたって、どうということないじゃないか。」

「いや、おおいにあるんだ……これがグライダーの翼《よく》とすればだよ……ほら、ねじれる、風《かぜ》を強《つよ》く受《う》ける、こちらがあがる……。」

言《い》われてオービルは、はっと気《き》がつきました。

「あっ、そのことか。なるほど。」

オービルはとたんに、「これはすばらしい考《かんが》えだぞ。」とさとりました。

「今度《こんど》は、兄《にい》さんに一本《いっぽん》とられた。うむ、これなら、たしかにものになるよ。」

ふたりはそれから、1セントの値打《ねう》ちもない紙《かみ》の箱《はこ》を、あっちにねじったり、こっちにねじったりしながら、熱心《ねっしん》に話《はな》しあいました。

このやり方《かた》ですと、翼《よく》の全体《ぜんたい》を動《うご》かすのではなくて、翼《よく》のつけ根《ね》のところは、がっちりとめておき、はしっこのほうだけをひねるのですから、しかけにむりがありません。

大《おお》きな鳥《とり》のとんでいるのを見《み》てもわかるとおり、目《め》にもとまらないほどの羽《はね》の動《うご》かし方《かた》で、ああもあざやかに向《む》きをかえるのですから、グライダーの翼《よく》だって、そう、むちゃに角度《かくど》をかえなくてすむわけです。

「兄《にい》さん、すぐグライダーをつくろう。」

せきこむオービルに、

「待《ま》て、待《ま》て、そうあわてるなよ。まず、箱《はこ》の形《かたち》をしたたこをつくって、ためしてみるんだ。」

「兄《にい》さんは、あいかわらず、慎重《しんちょう》だなあ。」

オービルは言《い》いましたが、もとより反対《はんたい》する理由《りゆう》はありません。

箱《はこ》だこの大《おお》きさは、左右《さゆう》の長《なが》さが1・5メートル、前後《ぜんご》の長《なが》さが32センチメートル、翼《よく》の面《めん》は平《たい》らでなく、すこしカーブしていました。この翼《よく》の左右《さゆう》のはしが、4本《ほん》の糸《いと》の働《はたら》きで、いつでもねじれるようになっているのでした。

兄弟《きょうだい》は期待《きたい》に胸《むね》をふくらませながら、家《いえ》からすこしはなれた丘《おか》へ出《で》かけていきましたが、途中《とちゅう》から、子《こ》どもたちがめずらしがって、ぞろぞろとついてきます。

さて、あげようというときになると、

「わたしにやらせて。」

「ぼくにやらせて。」

たがいにうばい合《あ》いで、兄弟《きょうだい》は閉口《へいこう》してしまいました。

「まあ、お待《ま》ち。このたこは、あたりまえのたこではないのだからね、きみたちにはやれないよ。まあ、はなれて、おじさんのやるのを見《み》ておいで。」

風向《かざむ》きを調《しら》べ、おもむろにあげてから、左右《さゆう》の翼《よく》の糸《いと》を引《ひ》くと、たこは右《みぎ》があがり、左《ひだり》があがり、ふらふらとゆれうごきます。

まさにウィルバーの思《おも》ったとおりです。しかし、見《み》ている子《こ》どもたちは、

「ああ、いけない。かたむいた。ああ、直《なお》った……あ、また、かたむいた……。」

と心配《しんぱい》して、大《おお》さわぎです。

そのうち、ウィルバーがある操作《そうさ》をしたら、たこは前《まえ》にかたむいて、子《こ》どもたちのほうに、ビューンととびこんできました。

「わあっ。」

子《こ》どもたちは、おどろきの声《こえ》をあげて、地面《じめん》にうつぶしてしまいました。

ウィルバーは、それをさっと受《う》けとめて、にっこりしました。

「なあんだ、もっと高《たか》くあがるかと思《おも》ったのに、つまんないの。」

子《こ》どもたちは、不満顔《ふまんがお》です。

しかし、兄弟《きょうだい》は大満足《だいまんぞく》でした。

これで、グライダーも、左右《さゆう》の安定《あんてい》をとるために、乗《の》り手《て》が左《ひだり》へ行《い》ったり、右《みぎ》へ行《い》ったりする必要《ひつよう》がなく、自転車《じてんしゃ》のようにハンドルを動《うご》かすことによって、左右《さゆう》の安《あん》定《てい》がとれることがわかったからです。

兄弟《きょうだい》は、空《そら》への道《みち》へ、大《おお》きく一歩前進《いっぽぜんしん》したのです。

「オーブ、いよいよグライダーをつくるぞ。」

ウィルバーの言葉《ことば》に、

「待《ま》ってました。」

そう言《い》って、オービルは空《そら》を見上《みあ》げました。あたかも、そこに兄弟《きょうだい》のグライダーがうかんでいるかのように。しかし、グライダーでなく、大《おお》きなとびが1羽《わ》、ゆうゆうと輪《わ》をえがいて、とんでいました。

ウィルバーは、店《みせ》の裏《うら》にある小屋《こや》へ、オービルをつれていきました。そのひくい木《き》づくりの小屋《こや》に足《あし》をふみいれたとたん、オービルは、びっくりしました。

小屋《こや》のすみに、布地《ぬのじ》が幾《いく》まきも、また、ほかのすみには、木《き》の長《なが》い棒《ぼう》が幾《いく》ダースも立《た》てかけてあったからです。

「兄《にい》さん、これは？」

「いざというとき、すぐ仕事《しごと》にかかれるように、きみが病気《びょうき》でねているあいだに、買《か》っておいたんだ。」

「やっぱり、兄《にい》さんだなあ。用意《ようい》がいいなあ。」

オービルはすっかり感心《かんしん》して、

（この兄《あに》となら、きっと成功《せいこう》する。成功《せいこう》させてみせるぞ。）

と、あらためて決意《けつい》したのでした。

「まず、正確《せいかく》な図《ず》をかこう。」

「もちろんだとも。」

しかし、すでに、箱《はこ》だこで実験《じっけん》ずみですから、それをそのまま、4倍《ばい》か5倍《ばい》に大《おお》きくすればよいわけで、図《ず》はわけなくできあがりました。

つくる材料《ざいりょう》は木《き》。軽《かる》くてじょうぶで、木目《もくめ》のよく通《とお》ったのを、念入《ねんい》りにけずって、蒸気《じょうき》をかけて、ほどよく曲《ま》げる。小《ちい》さなくぎでとめ、にかわでつける。

「ぼくが大《おお》けがをしたとき、木《き》ぼりの細工《さいく》をしたろう。あのとき、木《き》についていろいろおぼえたことが、ずいぶん役《やく》に立《た》つな。」

ウィルバーが言《い》います。

にかわでつけた木《き》のわく組《ぐ》みに、布《ぬの》をきちっとはる。針金《はりがね》を対角線《たいかくせん》にぴんとはって、わく組《ぐ》みをきちんとさせる……。

「こういう大工仕事《だいくしごと》は、子《こ》どものときからやっているから、なれているよ。」

オービルが言《い》います。

ふたりはいそがしい自転車商売《じてんしゃしょうばい》の合間《あいま》を見《み》ては、毎日《まいにち》、こつこつとやりました。

「兄《にい》さん、ぼくたちがやっていることは、とうぶん、秘密《ひみつ》にしておこうよ。」

「そうだな。『馬《うま》なし馬車《ばしゃ》』ができたときだって、世間《せけん》の人《ひと》はわらったもの。まして、空《そら》をとぶなんて言《い》ったら、頭《あたま》がへんになったと思《おも》われるかもしれないからな。」

この「馬《うま》なし馬車《ばしゃ》」を、のちに人《ひと》びとは「自動車《じどうしゃ》」とよぶようになりましたが、それはともかく、いくらかくしても、せまい町《まち》のことです。

1900年《ねん》の夏《なつ》ごろになると、だれ言《い》うとなく、ライト兄弟《きょうだい》がみょうなものをつくっているといううわさが立《た》ちました。

「なんだかおかしいと思《おも》っていたら、たくさんの布《ぬの》を買《か》いこんで……キャンプに使《つか》うテントでもつくるんですかね。」

「まったくかわった兄弟《きょうだい》ですねえ。」

だが、ウィルバーも、オービルも、そんなうわさには知《し》らん顔《かお》で、ちゃくちゃくと仕事《しごと》を進《すす》めました。

「ところで、オーブ、グライダーの実験《じっけん》に、いちばんいい場所《ばしょ》をさがさなけりゃいけないな。このへんじゃ、木《き》がありすぎて、すぐ引《ひ》っかかってしまうだろう。広々《ひろびろ》として、風向《かざむ》きの落《お》ちついた、やわらかい地面《じめん》のところはないだろうか。」

「さあ。」

オービルは首《くび》をかしげました。

「そうだ、ワシントンの気象局《きしょうきょく》へ手紙《てがみ》で問《と》いあわせてみよう。」

まもなく、気象局長《きしょうきょくちょう》から、アメリカ中《じゅう》の気象《きしょう》の報告《ほうこく》がとどきました。兄弟《きょうだい》は、そのリストを注意深《ちゅういぶか》く読《よ》みました。

「兄《にい》さん、ノースカロライナ州《しゅう》に、キティホークという場所《ばしょ》がある、と書《か》いてある。」

「キティホーク。」

ウィルバーは、くりかえしました。

「キティホーク……いい名前《なまえ》じゃないか。」

4 かがやく初飛行記録《はつひこうきろく》

キティホーク

1900年《ねん》9月《がつ》、ウィルバーは、キティホークを目指《めざ》して出発《しゅっぱつ》しました。キャンプの道具《どうぐ》と、食《た》べものと、グライダーの材料《ざいりょう》を持《も》って。

「オーブ、準備《じゅんび》をしておくから、なるべく早《はや》くきてくれよ。」

「自転車《じてんしゃ》の仕事《しごと》をすませたら、すぐにかけつけるよ。」

「ウィル兄《にい》さん、体《からだ》に気《き》をつけてね。」

「ああ、キャサリン、留守番《るすばん》をしっかりたのむよ。」

いさんで出発《しゅっぱつ》したウィルバーですが、キティホークへの道《みち》は、遠《とお》く、困難《こんなん》な旅《たび》でした。

近《ちか》くの町《まち》までは、どうやら行《い》けたのですが、そこで、

「キティホークへ行《い》きたいのですが……。」

とたずねても、

「さあ、そんな地名《ちめい》、一度《いちど》も聞《き》いたことがないね。」

という返事《へんじ》です。これにはこまってしまいました。たずねたずねて、やっと、

「あ、そこなら、わしが知《し》ってるよ。なんなら、つれていってあげてもいいが。」

という人《ひと》に出会《であ》いました。

その人《ひと》は船乗《ふなの》りで、小《ちい》さな帆船《はんせん》を持《も》っています。アルベマール・サウンドという入《い》り江《え》をこえれば、すぐだというのです。ウィルバーは、帆船《はんせん》に乗《の》せてもらいました。

ところが、まもなく、にわかに空《そら》がくもり、波《なみ》が高《たか》くなってきました。すごいあらしが、おそいかかってきたのです。

急《いそ》いで川《かわ》の中《なか》ににげこみ、いかりをおろしましたが、帆布《はんぷ》はとばされ、かじはこわされるという、みじめなありさまです。

その夜《よる》は生《い》きた心地《ここち》もなく、

（もう、これでおしまいか。）

と、なんべん思《おも》ったかしれません。

でも、ようやく、あくる朝《あさ》には、あらしはしずまり、船《ふね》は助《たす》かりました。が、それから、船《ふね》の修理《しゅうり》がたいへんで、目指《めざ》すキティホークに着《つ》いたのは、デートン市《し》を出発《しゅっぱつ》してから1週間《しゅうかん》ものちでした。普通《ふつう》なら2日《ふつか》もあれば行《い》けるのに。

しかし、なんというさびしいところでしょう。

ここは、大西洋《たいせいよう》にのぞむノースカロライナ州《しゅう》の海岸《かいがん》で、見《み》わたすかぎり砂丘《さきゅう》がつづき、かもめがとびかい、わびしい漁師村《りょうしむら》と、小《ちい》さな気象観測所《きしょうかんそくじょ》と、救命事務所《きゅうめいじむしょ》があるだけです。

ウィルバーは、キャンプをつくるあいだ、村《むら》の名士《めいし》で郵便局長《ゆうびんきょくちょう》、テートさんの家《いえ》にとめてもらいました。一家《いっか》はとても親切《しんせつ》で、なにくれとなく面倒《めんどう》をみてくれました。

やがて、9月《がつ》25日《にち》ごろ、オービルもキティホークにやってきました。

そのころには、もうテントがはられ、中《なか》にはできかかったグライダーがすえられ、すみっこのほうには、工作《こうさく》の道具《どうぐ》がつまれています。

完成《かんせい》まで、ほんのあと一歩《いっぽ》。４年間《ねんかん》の苦心《くしん》が、まさに実《み》をむすぼうとしているのです。

「あとは前方《ぜんぽう》のかじをつけるばかりだけど、ぼく、がまんができないや。兄《にい》さん、このままで、うくかどうか、ためしてみようじゃないか。」

オービルが言《い》いました。ウィルバーの気持《きも》ちも同《おな》じです。

「よし、やってみよう。」

ふたりは、グライダーを砂丘《さきゅう》のてっぺんに引《ひ》きだしました。人《ひと》を乗《の》せて、たこみたいにして、あげようというわけです。

「どっちが先《さき》に乗《の》る？」

さて、こまった。どちらも先《さき》に乗《の》りたいのは、あたりまえだからです。そこで、アメリカ式《しき》で決《き》めることにしました。銅貨《どうか》を空《そら》に向《む》けてはじいて、表《おもて》が出《で》たらウィルバー、裏《うら》が出《で》たらオービル。

銅貨《どうか》は表《おもて》が出《で》ました。

「お先《さき》に失礼《しつれい》。」

ウィルバーが乗《の》りこみ、下翼《かよく》の上《うえ》に、ぴったりはらばいになりました。

待《ま》つほどもなく、海《うみ》のほうから強《つよ》い風《かぜ》がふいてきました。

「風《かぜ》だ、風《かぜ》だ。それっ。」

オービルが力《ちから》いっぱい、つなを引《ひ》っぱって走《はし》りだすと、グライダーは、人間《にんげん》を乗《の》せていることなど知《し》りませんというように、ふわりとうきあがりました。

あんまりかんたんにいったので、ウィルバーはしばらく、ぼんやりしてしまいました。しかし、気《き》がついて下《した》を見《み》ると、あんまり高《たか》いのでびっくり。

「おうい、おろしてくれ、おろしてくれ。」

とさけびましたが、風《かぜ》の音《おと》で、地上《ちじょう》のオービルには聞《き》こえません。反対《はんたい》に、「もっと高《たか》くしてくれ。」とかんちがいして、オービルはつなをのばすと、ますます高《たか》くあが

りだしました。

ウィルバーはあわてて、

「ちがうんだ、ちがうんだ。」

と、懸命《けんめい》に手《て》をふりました。

ようやくそれが通《つう》じて、グライダーは地上《ちじょう》におりましたが、聞《き》いてみると、わずか2・4メートルの高《たか》さでしかありませんでした。はじめてのことで、すごい高《たか》さに感《かん》じられたのです。

しかし、ともかく、子《こ》どものころの、「たこに乗《の》って空《そら》をとびたい。」という夢《ゆめ》のひとつをはたしたのです。

「さ、今度《こんど》は、ぼくの番《ばん》だ。」

かわって、オービルが乗《の》りこみました。

今度《こんど》は、まえのことがありますから、あがってもさほどおどろきません。

「もっと高《たか》く、もっと高《たか》く……。」

と、ぐんぐんあがっていきましたが、あまり調子《ちょうし》にのりすぎて、おりぎわに、ドスンと砂丘《さきゅう》にめりこんでしまいました。

「だいじょうぶか、オーブ。」

「だ、だいじょうぶ。」

オービルがグライダーの下《した》から、砂《すな》だらけになって、はいだしてきました。幸《さいわ》い、けがはありませんでしたが、グライダーのほうは、骨組《ほねぐ》みの木《き》が折《お》れたり、翼《よく》の布《ぬの》がやぶれたり、さんざんの大《おお》けがでした。

「でも、ぼくたちは空《そら》をとんだんだ。」

「そうだ、空《そら》をとんだんだ、あのかもめのように。」

ふたりはだきあって、よろこびました。

それから兄弟《きょうだい》は、こわれたグライダーを修理《しゅうり》し、かじをとりつけて、何回《なんかい》も何回《なんかい》もとびました。

すっかり自信《じしん》をつけたふたりは、「新《あたら》しく、もっと大《おお》きなグライダーをつくろう。」

と、ひとまずデートン市《し》へ帰《かえ》ることにしました。

「来年《らいねん》、また、お世話《せわ》になります。」

そう言《い》って、郵便局長《ゆうびんきょくちょう》のテート夫人《ふじん》に、グライダーの翼《よく》の布《ぬの》を切《き》りとって、おくりました。テート夫人《ふじん》は、それでふたりのおさない娘《むすめ》のために、ドレスをつくりました。

ライト兄弟《きょうだい》は、そのあくる年《とし》も、その次《つぎ》の年《とし》も、秋《あき》になると、キティホークへやってきました。

テートさん一家《いっか》とも、かもめとも、すっかりおなじみになりました。

グライダーも、2号機《ごうき》、3号機《ごうき》となるにつれて、新《あたら》しいくふうを重《かさ》ね、そのころの世界記録《せかいきろく》も打《う》ちたてました。

しかし、ふたりは満足《まんぞく》しませんでした。

エンジンとプロペラ

ある日《ひ》、ウィルバーが、オービルに言《い》いました。

「なるほど、ぼくらのグライダーは、安定《あんてい》している。また、上《あ》げかじ・下《さ》げかじ・右《みぎ》かじ・左《ひだり》かじの操縦《そうじゅう》も自由《じゆう》だ。しかし、うんと高《たか》くはとべないし、長《なが》い時間《じかん》もとべない。なによりも、グライダーは風《かぜ》のないときは、とべないということだ。」

オービルもうなずいて、

「そうだ。風《かぜ》のない日《ひ》でも、自由《じゆう》にグライダーをとばす方法《ほうほう》はないものだろうか。」

「あるよ。」

「えっ、あるって。」

「モーターボートはなんで走《はし》るか。自動車《じどうしゃ》はなんで走《はし》るか。」

「エンジンだよ。あたりまえじゃないか。」

「そのエンジンをグライダーにとりつけて、プロペラでとぶようにしたら、どうだろう。」

「それはむりだ。あんな重《おも》いものをつけたら、とびあがることさえできないよ。」

「それを見《み》つけるんだ。小《ちい》さくて、軽《かる》くて、そのくせ、大《おお》きな馬力《ばりき》を出《だ》すエンジンを。」

兄弟《きょうだい》はさっそく、心当《こころあ》たりの製造所《せいぞうしょ》へ手紙《てがみ》を出《だ》しました。

ところが、どこからも、一通《つう》も返事《へんじ》がありません。たぶん、

「空《そら》をとぶ機械《きかい》にとりつけるエンジンだって？　なにをばかなことを言《い》ってるのか。」

と、こちらの手紙《てがみ》を、紙《かみ》くずかごに放《ほう》りこんでしまったのでしょう。

「こまったな。大工仕事《だいくしごと》なら、だれにも負《ま》けないんだが、エンジンまではね。」

「しかし、やってできないことはないよ。いま、自転車工場《じてんしゃこうじょう》で使《つか》っているガス・エンジンだって、ぼくたちでつくったじゃないか。」

「そうだ。これから1年《ねん》、エンジンづくりにとりくもう。」

だが、いざとりかかってみると、これは、たいへんな苦労《くろう》です。動力《どうりょく》を起《お》こすエンジンは、4つの筒《つつ》を横《よこ》に1列《れつ》にならべた形《かたち》の水冷式《すいれいしき》にして、出力《しゅつりょく》は8馬力《ばりき》、重《おも》さは90キログラムが目標《もくひょう》です。

エンジンの主《おも》なところだけは注文《ちゅうもん》しましたが、アルミ製《せい》のケースなどは、すべて自《じ》分《ぶん》たちでつくりました。

幸《さいわ》い、ライト自転車商会《じてんしゃしょうかい》のやとい人《にん》、テーラーという人《ひと》が、機械仕事《きかいしごと》がじょうずで、なにかと手《て》つだってくれました。

エンジンに、はじめて火《ひ》を入《い》れたのは、1903年《ねん》2月《がつ》12日《にち》でした。

パパンパンパン、ゴーゴー。

とつぜん、すさまじい音《おと》がひびきわたったので、町《まち》の人《ひと》びとは、びっくりぎょうてんしました。

「なんだ、なんだ。」

「ダイナマイトが爆発《ばくはつ》したのか？」

いっせいに外《そと》へとびだすやら、窓《まど》から顔《かお》を出《だ》すやら。おまわりさんも走《はし》りだし、救《きゅう》急車《きゅうしゃ》も出動《しゅつどう》の用意《ようい》をするありさまでした。

やがて、このさわがしい音《おと》が、ライト自転車商会《じてんしゃしょうかい》の裏庭《うらにわ》だとわかったとき、

「ああ、また、あの兄弟《きょうだい》がなにか始《はじ》めたな。」

人《ひと》びとは、ほっとするやら、「人《ひと》さわがせな。」とプリプリするやら。

さわぎはいちおう、おさまりましたが、エンジンの調子《ちょうし》がととのうまでには、それからも長《なが》い時間《じかん》がかかりました。

いまから見《み》ると、ずいぶん貧弱《ひんじゃく》なものですが、とにかく、できあがったのです。

「さあ、今度《こんど》はプロペラだ。」

兄弟《きょうだい》はいさみたちました。

プロペラは、ただの棒《ぼう》切《き》れみたいなものですから、問題《もんだい》はなさそうです。しかし、これも、いざとりかかってみると、考《かんが》えていたよりも、ずっとたいへんでした。

なにしろエンジンの出力《しゅつりょく》が12馬力《ばりき》しかなく、それで350キログラムぐらいの重《おも》さ

ののをとばそうというのですから、プロペラの働《はたら》きも、よほどよくないといけません。

ああだ、こうだと、幾度《いくど》も図面《ずめん》をかきなおしながら、議論《ぎろん》をつづけていると、妹《いもうと》のキャサリンがせっかく用意《ようい》した夕《ゆう》ごはんも、すっかりさめてしまいます。さすがのキャサリンもたまりかねて、どなりました。

「そんなに議論《ぎろん》ばかりしているんなら、わたし、この家《いえ》を出《で》ていくわよ。」

これには、降参《こうさん》するしかありませんでした。

やがて、苦心《くしん》のプロペラができました。直径《ちょっけい》2・6メートル、もみの木《き》を2本《ほん》、にかわではりあわせ、これをナイフの刃《は》のようにうすくけずり、自転車《じてんしゃ》の車輪《しゃりん》を回《まわ》すようにチェーンで回《まわ》すのです。

2枚《まい》のプロペラは、たがいに、逆方向《ぎゃくほうこう》に回《まわ》るようにし、チェーンは、バタバタおどりださないように、鉄《てつ》のかんの中《なか》に入《い》れました。

こうしているうちに、春《はる》もすぎ、夏《なつ》もすぎて、また、いつもの年《とし》のように、キティホーク行《い》きのときがせまってきました。

今年《ことし》は4回目《かいめ》ですが、

(今年《ことし》こそは、いよいよ……。)

そう思《おも》うと、兄弟《きょうだい》の胸《むね》はおどりました。

「にいさん、こうなれば、もうグライダーではなく、飛行機械《ひこうきかい》だね。」

「そうだ。風《かぜ》にたよってとぶのではなく、自分《じぶん》の力《ちから》でとんでいく飛行機械《ひこうきかい》だ。」

そのころは、飛行機《ひこうき》という言葉《ことば》は、まだありませんでしたから、それはまさに飛行《ひこう》機械《きかい》でした。

1903年《ねん》9月《がつ》、ライト兄弟《きょうだい》はキティホークに着《つ》きました。

2回目《かいめ》のときにつくった小屋《こや》は、なかば砂《すな》にうもれていましたが、幸《さいわ》い中《なか》のグライダーはぶじでした。ふたりはさっそく引《ひ》きだして、操縦《そうじゅう》の練習《れんしゅう》をしました。

その合間《あいま》には、1機《き》ふえたので、小屋《こや》のたてましをし、また、新《あたら》しい機《き》の組《く》み立《た》ても始《はじ》めました。

もう、議論《ぎろん》をたたかわすことはありません。まっしぐらに、目的《もくてき》に向《む》かって進《すす》むだけです。

そんなある日《ひ》、ぐうぜん手《て》に入《はい》った新聞《しんぶん》に、ラングレーのつくった飛行機械《ひこうきかい》の写真《しゃしん》がのっていました。

ラングレーといえば、兄弟《きょうだい》がはじめてスミソニアン協会《きょうかい》へ航空《こうくう》についての本《ほん》をたのんだとき、親切《しんせつ》に送《おく》ってくれた人《ひと》です。

「ラングレー博士《はかせ》が第《だい》1回《かい》の試験飛行《しけんひこう》をするそうだ。」

「博士《はかせ》は、政府《せいふ》やスミソニアン協会《きょうかい》から、たくさんのお金《かね》をもらってつくったのだから、ぼくたちのように、貧弱《ひんじゃく》じゃないね。だが、これで、はたしてとべるだろうか。」

兄弟《きょうだい》がこう言《い》ったのには、わけがありました。ふたりが何千回《なんかい》もやった安定《あんてい》と操縦《そうじゅう》の練習《れんしゅう》を、ラングレーはじゅうぶんにやったのだろうか、といううたがいでした。はたして、まもなく、

「1903年《ねん》12月8日《がつようか》、ラングレーの飛行機械《ひこうきかい》は、ワシントンのポトマック川《がわ》の岸《きし》の

船《ふね》の上《うえ》から発射《はっしゃ》されたが、そのまま川《かわ》の中《なか》へつっこんで、みじめな失敗《しっぱい》に終《お》わった——。」

というニュースがとどきました。

これを聞《き》いた兄弟《きょうだい》は、これから自分《じぶん》たちがやろうとしていることが、どんなに困難《こんなん》なことであるかを、あらためて強《つよ》く感《かん》じました。と、同時《どうじ》に、「やるぞ。」という勇気《ゆうき》が、むくむくとわきあがってきたのでした。

とんだ、とんだ

冬《ふゆ》の天候《てんこう》は日《ひ》ごとにきびしくなってきました。

キティホークの砂丘《さきゅう》をふきすさぶ風《かぜ》も、しだいに強《つよ》く、つめたくなって、かもめの鳴《な》き声《ごえ》も、いっそうさびしげに聞《き》こえます。

「早《はや》く空《そら》をとびたい。」

気持《きも》ちはあせりますが、仕事《しごと》は故障《こしょう》つづきでした。プロペラの軸《じく》がねじれた、エンジンに油《あぶら》が入《はい》りすぎて点火《てんか》が止《と》まり、そのために、チェーンのかかる歯車《はぐるま》の取《と》りつけがゆるんだ、プロペラについていた金具《かなぐ》が外《はず》れて、とんだ……。

だが、兄弟《きょうだい》はしんぼう強《づよ》く修理《しゅうり》し、テストし、最後《さいご》のしあがりを待《ま》ちました。

「クリスマスには家《いえ》に帰《かえ》りたいな。お父《とう》さんもキャサリンも待《ま》っているから。」

「うん。早《はや》く天気《てんき》がよくなってくれるといいんだが。」

この二、三日《にち》、キティホークは天候《てんこう》が悪《わる》く、風《かぜ》がうずまいて、ふきすさんでいました。

「新《あたら》しいプロペラ軸《じく》は？」

「調子《ちょうし》がいいよ。準備《じゅんび》はすべてオーケーだ。」

12月《がつ》14日《か》、兄弟《きょうだい》が小屋《こや》から起《お》きだしてみると、ひどい寒《さむ》さですが、空《そら》はよく晴《は》れていました。風《かぜ》はほとんどありません。

「どうする？」

「とぼうよ、兄《にい》さん。」

「よし、とぼう。」

近《ちか》くの人《ひと》びとの手《て》をかりて、兄弟《きょうだい》は砂丘《さきゅう》の斜面《しゃめん》に、木《き》に鉄《てつ》の板《いた》をはった、長《なが》さ18メートルぐらいのレールをつくりました。

「よいしょ、よいしょ……。」

自転車《じてんしゃ》の軸《じく》からとったボールベアリングを入《い》れた、小《ちい》さい車輪《しゃりん》を持《も》つ台車《だいしゃ》をおして、ライト兄弟《きょうだい》の飛行機械《ひこうきかい》は、砂丘《さきゅう》の上《うえ》におしあげられました。この台車《だいしゃ》でレールの上《うえ》をすべらし、その勢《いきお》いで、空中《くうちゅう》にとびだすしくみなのです。

「どっちが先《さき》に乗《の》る?」

ぽんと銅貨《どうか》が空《そら》に向《む》けてはじかれました。

「ぼくだ。」

ウィルバーが言《い》って、下《した》の翼《よく》の上《うえ》に、はらばいになりました。ゴーゴーとエンジンが鳴《な》りひびき、機《き》がブルブルふるえだしました。

「つなぎどめを外《はず》せ。」

ウィルバーがどなりました。

機《き》はするするとすべりだしました。オービルは右翼《うよく》をささえたまま、いっしょについていきましたが、12メートルほどで、もうついていけず、手《て》をはなすと同時《どうじ》に、ストップウオッチをおしました。

みんな息《いき》をのんで見守《みまも》りました。成功《せいこう》か、失敗《しっぱい》か。あと一瞬《いっしゅん》で決《き》まるのです。

機《き》は18メートルのレールの上《うえ》をすべりこえ、3メートルほど行《い》ったところで、ふわっと空中《くうちゅう》にうきあがりました。

「あっ、とんだ、とんだ。」

ところが、あっというまに、機《き》のスピードは急《きゅう》に落《お》ちて、そのまま地上《ちじょう》に着《つ》いてしまいました。

「やった、やったぞ。」

「とんだね、とんだね、兄《にい》さん。」

ふたりは大喜《おおよろこ》びで、おどりあがりました。ウィルバーはうれしさのあまり、着陸《ちゃくりく》したのちも、しばらくのあいだ、エンジンを止《と》めるのもわすれたほどでした。

このときの飛行記録《ひこうきろく》は、時間《じかん》にして3・5秒《びょう》、距離《きょり》は約《やく》32メートルでした。

しかし、手《て》つだった人《ひと》びとには、どうして、ライト兄弟《きょうだい》があんなによろこんでいるのか、わけがわかりません。

「なんだい、あれっぽっち。わしは、もうすこし行《い》くだろうと思《おも》ってたんだが……。」

「そうだよなあ。なるほど、とぶにはとんだ。しかし、あんなじゃ、なにも使《つか》いみちはないなあ。」

普通《ふつう》の人《ひと》の目《め》にそううつっても、むりはありません。でも、この貧弱《ひんじゃく》な記録《きろく》が、将来《しょうらい》、ひと飛《と》び何千《なんぜん》キロメートル、何万《なんまん》キロメートルのものになる第一歩《だいいっぽ》だったのです。

計算《けいさん》のうえでは、すべての問題《もんだい》は解決《かいけつ》していました。

ウィルバーは自信《じしん》をもっていました。

「もう、砂丘《さきゅう》の斜面《しゃめん》を利用《りよう》して、空《そら》へとびだす必要《ひつよう》はない。プロペラの力《ちから》だけでじゅうぶんだ。」

そこで、レールを小屋《こや》の前《まえ》の平《たい》らな地面《じめん》にうつして、しくことにしました。

そして、1903年《ねん》12月《がつ》17日《にち》、歴史《れきし》のうえにかがやかしい一ページを開《ひら》く日《ひ》がきました。

その日《ひ》、小屋《こや》のまわりの水《みず》たまりには一面《いちめん》に氷《こおり》がはり、さすような風《かぜ》がふいていました。

「まもなく風《かぜ》がやむだろう。そうしたら、とぼう。」

兄弟《きょうだい》は待《ま》ちました。が、風《かぜ》はなかなかおさまりそうにありません。

「オーブ、もう1日《にち》待《ま》とうか。」

「いや、とぼうよ。」

「よし、今度《こんど》はきみが乗《の》れ。」

そこで、オービルが乗《の》りこみ、はらばいになりました。

エンジンがうなりだしました。

見守《みまも》る人《ひと》は、わずか5人《にん》。このうちの3人《にん》は、手《て》つだいにきた救命事務所《きゅうめいじむしょ》の人《ひと》で、ほかのふたりは見物《けんぶつ》にきた村《むら》の人《ひと》でした。

「用意《ようい》はいいか、オーブ。」

ウィルバーがさけびました。

「ようし。」

オービルがさけびかえしました。

「スタート。」

機《き》はレールの上《うえ》をゆっくり動《うご》きはじめました。ウィルバーも翼《よく》をささえて、かたむかないようにしながら、走《はし》っていきました。レールのはしまで来《く》ると、機《き》は完全《かんぜん》に舞《ま》いあがり、約《やく》36・6メートルをとんで着陸《ちゃくりく》しました。時間《じかん》は12秒《びょう》と記録《きろく》されました。

あっというまのできごとですが、これこそエンジンで動《うご》かされ、パイロットが乗《の》って操縦《そうじゅう》する飛行機械《ひこうきかい》が、自分《じぶん》の力《ちから》で地面《じめん》をはなれ、空中《くうちゅう》でその速度《そくど》をたもち、もとの

地面《じめん》に着陸《ちゃくりく》した、世界《せかい》ではじめての飛行《ひこう》でした。

この瞬間《しゅんかん》に、飛行機《ひこうき》の世紀《せいき》がほんとうに開《ひら》かれたのです。

まさに、とんだのです。1896年《ねん》からのライト兄弟《きょうだい》のたえまない努力《どりょく》が、りっぱに実《み》をむすんだのです。

人類《じんるい》の何千年《なんぜんねん》にわたる大空《おおぞら》への願《ねが》いが、ここになしとげられたのです。

兄弟《きょうだい》は、その日《ひ》のうちに、さらに3回《かい》の飛行《ひこう》を行《おこな》いました。2回目《かいめ》はウィルバーが乗《の》って、とんだ距離《きょり》は53・3メートル。3回目《かいめ》はオービルが乗《の》って、4・2メートルほどの高《たか》さで、距離《きょり》は60・9メートル。4回目《かいめ》は、ウィルバーが乗《の》って、距離《きょり》は259・7メートル、時間《じかん》は59秒《びょう》に達《たっ》しました。

ふたりは飛行《ひこう》を終《お》えると、小屋《こや》に帰《かえ》っておそい昼食《ちゅうしょく》をとり、洗濯《せんたく》をしました。それからそろって救命事務所《きゅうめいじむしょ》へ行《い》き、デートン市《し》のお父《とう》さんにあてて、「飛行成功《ひこうせいこう》」の電報《でんぽう》を打《う》ちました。

「さあ、クリスマスにまにあうように、急《いそ》いで帰《かえ》ろう。」

ウィルバーが、声《こえ》をはずませて言《い》いました。すると、オービルも顔《かお》をかがやかせて言《い》いました。

「お父《とう》さんとキャサリンに、なにをプレゼントしようか。」

ウィルバーはだまったまま、にこっとしました。わかってるだろう、という顔《かお》つきです。

アメリカ中《じゅう》でも、いや、世界中《せかいじゅう》でも、「はじめて空《そら》をとんだ。」という、これほど大《おお》きな、すばらしいクリスマスプレゼントをもらう人《ひと》は、ほかにはいないでしょうから。

より速《はや》く、より高《たか》く

「1903年《ねん》12月《がつ》17日《にち》、ライト兄弟《きょうだい》は自分《じぶん》たちでつくった飛行機械《ひこうきかい》で、はじめての飛《ひ》行《こう》に成功《せいこう》。人類《じんるい》の長《なが》い夢《ゆめ》をなしとげた。」

いまなら、テレビなどで、その日《ひ》のうちに世界《せかい》のすみずみにつたわり、すべての人《ひと》が、「わあっ。」とわきたつことでしょう。

しかし、20世紀《せいき》も、わずか3年《ねん》しかたっていないときで、テレビはもちろん、ラジオもまだありません。また、その場所《ばしょ》がキティホークという、さびしい砂丘《さきゅう》だけの海岸《かいがん》で、見《み》ていた人《ひと》も、専門家《せんもんか》や新聞記者《しんぶんきしゃ》でなく、この砂丘《さきゅう》のまわりに住《す》んでいる人《ひと》が5人《にん》と、かもめだけです。

その人《ひと》たちの口《くち》づたえだけでは、ニュースの広《ひろ》がるスピードもおそく、だいいち、「空《そら》をとんだ。」などということは、てんで頭《あたま》から信《しん》じない人《ひと》が多《おお》く、

「おいおい、いまはクリスマスだろう。エープリル・フールには、まだ早《はや》すぎるよ。」

とわらいとばすありさまです。

いくらか真面目《まじめ》にとる学者《がくしゃ》でも、

「考《かんが》えてみるがよい。あの航空学《こうくうがく》の大家《たいか》、ラングレー博士《はかせ》だって、失敗《しっぱい》したんだぜ。」

早耳《はやみみ》で、めずらしいものなら、なんにでも食《く》いつく新聞記者《しんぶんきしゃ》でさえも、ライト兄弟《きょうだい》

のところへやってきて、いろいろ話《はなし》を聞《き》いても、

「えっ、59秒《びょう》ですって？　59分《ふん》のまちがいじゃありませんか……。そうでない？　へえ、たったの59秒《びょう》。それっぽっちじゃ、ニュースとしてとりあげる値打《ねう》ちはありませんなあ。」

と、さっさと帰《かえ》ってしまうのです。

こうしたわけで、ライト兄弟《きょうだい》の偉業《いぎょう》も、さっぱりみとめられませんでした。それどころか、1年《ねん》たち、2年《ねん》たちするうちに、ライト兄弟《きょうだい》が空《そら》をとんだということさえ、わすれられそうになりました。

そのあいだ、ふたりはどうしていたでしょうか。世間《せけん》の心《こころ》ない評判《ひょうばん》に、すっかりくさってしまって、飛行機械《ひこうきかい》をあきらめてしまったでしょうか。

いいえ、兄弟《きょうだい》はさらに新《あたら》しい研究《けんきゅう》とくふうを重《かさ》ねて、2号機《ごうき》をつくり、たゆまず実験《じっけん》をくりかえしていました。そして、「より速《はや》く、より高《たか》く」を目指《めざ》して、つぎつぎに、記録《きろく》を打《う》ちたてていたのです。

1904年《ねん》8月《がつ》、時間《じかん》32・4秒《びょう》、距離《きょり》408メートル。

9月《がつ》、世界《せかい》ではじめての一周飛行《いっしゅうひこう》、時間《じかん》1分《ぷん》35・8秒《びょう》、距離《きょり》1505メートル。

ところで、ライト式飛行機械《しきひこうきかい》のすぐれていることに、どこよりも早《はや》く目《め》をつけたのは、アメリカではなく、イギリスでした。

この年《とし》の秋《あき》、ひとりのイギリス軍人《ぐんじん》がデートン市《し》にたずねてきて、

「ライトさん、あなたがたのつくられた飛行機械《ひこうきかい》を、ぜひとも、わたしの国《くに》にゆずっていただきたい。」

と、熱心《ねっしん》にたのみました。

「いや、それはできません。わたしたちはアメリカ国民《こくみん》です。もし、ゆずるとすれば、アメリカの政府《せいふ》のほうが先《さき》です。」

ウィルバーとオービルは、きっぱりとことわりました。そして、ワシントンの陸軍《りくぐん》省《しょう》に手紙《てがみ》を出《だ》しました。

「アメリカの陸軍《りくぐん》が、わたしたちの飛行機械《ひこうきかい》を必要《ひつよう》とするならば、おゆずりしてもよ

いと考《かんが》えています。」

ところが、返事《へんじ》はそっけないものでした。陸軍《りくぐん》は、ライト式《しき》飛行機械《ひこうきかい》がどれほどすぐれているか、これからのち、どれほど大切《たいせつ》なものになるかが、すこしもわかっていなかったのです。

兄弟《きょうだい》は苦笑《にがわら》いをかわして、また、新《あたら》しい飛行機械《ひこうきかい》づくりに、せいを出《だ》しました。

1905年《ねん》6月《がつ》、第《だい》3号機《ごうき》ができあがりました。それから記録《きろく》はぐんぐんあがり、10月《がつ》5日《いつか》には、飛行距離《ひこうきょり》38・5キロメートル、時間《じかん》39分《ふん》の大記録《だいきろく》を打《う》ちたてました。

こうなると、いままでそっぽを向《む》いていた人《ひと》たちも、ようやく、

「ライト兄弟《きょうだい》は、たしかに新《あたら》しい時代《じだい》を開《ひら》いたのだ。そして、わたしたちは、その新《あたら》しい時代《じだい》に生《い》きているのだ。」

とわかるようになってきました。

しかし、そう思《おも》ったのは、ライト兄弟《きょうだい》が空《そら》をとぶところを、実際《じっさい》に見《み》た人《ひと》たちでした。ほかの人《ひと》たちは、まだまだ知《し》らん顔《かお》です。

「オーブ、ひとつの発明《はつめい》がみとめられるまでには、ずいぶん時間《じかん》がかかるものだなあ。」

ウィルバーが、しみじみと言《い》いました。すると、オービルも、

「まったくだね。それに、『新《あたら》しい発明《はつめい》を見《み》せろ。』だの、『権利《けんり》をゆずれ。』だの、毎《まい》日《にち》、おおぜいの人《ひと》がおしかけてくるので、いやんなっちゃうよ。」

「しばらく休《やす》もうか。」

「うん、そうしよう。」

その年《とし》の秋《あき》、ふたりはおしげもなく飛行《ひこう》を打《う》ちきって、格納庫《かくのうこ》に鍵《かぎ》をかけ、飛行機《ひこうき》械《かい》をばらばらにしてしまいました。

しかし、兄弟《きょうだい》はそのまま、あきらめてしまったのではありません。

「チャンスはいつか、きっとやってくる。」

と信《しん》じて、その日《ひ》のために、もっとよいエンジンをつくろうと、ひそかに研究《けんきゅう》していたのです。

チャンスは困難《こんなん》とともにやってきました。

1907年《ねん》5月《がつ》、ウィルバーがフランス人《じん》との交渉《こうしょう》のためヨーロッパにわたり、オービルが留守番《るすばん》をしていたときです。ひとりの軍人《ぐんじん》がデートン市《し》にたずねてきて、こう言《い》ったのです。

「ルーズベルト大統領《だいとうりょう》が、『科学的《かがくてき》アメリカ人《じん》』という雑誌《ざっし》で、きみたちライト兄弟《きょうだい》の記事《きじ》を読《よ》まれて、興味《きょうみ》をもっておられる。そこで、みんなの前《まえ》で飛行《ひこう》の実験《じっけん》をしてみせてくれ、と言《い》っておられるんだがね。」

「えっ、大統領《だいとうりょう》が……。」

「承知《しょうち》してくれるかね。」

オービルの胸《むね》はおどりました。

けれども、その飛行実験《ひこうじっけん》は、実現《じつげん》しませんでした。

アメリカ政府《せいふ》は、ライト兄弟《きょうだい》の飛行機《ひこうき》を、自分《じぶん》たちが独占《どくせん》したいと言《い》ってきたからです。ウィルバーとオービルにとって、それはゆずれない権利《けんり》でした。

政府《せいふ》からの返事《へんじ》がこなくなり、チャンスはうしなわれたかに思《おも》われました。

ところが、10月《がつ》になって、政府《せいふ》からの返事《へんじ》がとどいたのです。

ライト兄弟《きょうだい》にフランスで出会《であ》った、アメリカ陸軍《りくぐん》のラーム大尉《たいい》という将校《しょうこう》が、交渉《こうしょう》を行《おこな》っている評議会《ひょうぎかい》のメンバーにはたらきかけてくれたのです。

それは、ライト兄弟《きょうだい》にとって、まずまず納得《なっとく》のできる内容《ないよう》でした。飛行機《ひこうき》の値段《ねだん》は、ふたりが希望《きぼう》した10万《まん》ドルから、最後《さいご》は2万《まん》5000ドルになりましたが、政府《せいふ》がふたりの飛行機《ひこうき》を独占《どくせん》できるという条件《じょうけん》はなくなりました。

ただし、政府《せいふ》は、飛行実験《ひこうじっけん》を行《おこな》うにあたって、人《ひと》びとにチャンスが公平《こうへい》にあたえられるように、広《ひろ》く募集《ぼしゅう》をかけることにしたのです。

12月《がつ》23日《にち》に、政府《せいふ》が飛行機《ひこうき》に求《もと》める性能《せいのう》が公表《こうひょう》されました。

1、ふたりの人間《にんげん》を乗《の》せられる。

2、時速《じそく》40マイル（約《やく》65キロメートル）以上《いじょう》の速《はや》さでとべる。

3、1時間以上《じかんいじょう》、とびつづけられる。
4、着陸《ちゃくりく》するとき、機体《きたい》に大《おお》きな損傷《そんしょう》を受《う》けない。
飛行実験《ひこうじっけん》は、翌年《よくとし》の1908年《ねん》9月《がつ》に行《おこな》われることが決《き》まりました。

ウィルバーとオービルは、ライト・モデルA《エー》と名前《なまえ》をつけた、実用的《じつようてき》な飛行機《ひこうき》を、すでに完成《かんせい》させています。しかし、それはフランスで、企業向《きぎょうむ》けの公開飛行《こうかいひこう》を行《おこな》うためのものです。

いまから、アメリカ政府《せいふ》の飛行実験《ひこうじっけん》にまにあうように、新《あたら》しい飛行機《ひこうき》を完成《かんせい》させなければなりません。年《とし》が明《あ》けると、ふたりは大《おお》いそがしになりました。

兄弟《きょうだい》は話《はな》しあって、ウィルバーがフランスに行《い》き、オービルがアメリカで飛行実験《ひこうじっけん》を行《おこな》うことにしました。

5月《がつ》、ウィルバーはオービルのことを心配《しんぱい》しながらも、フランスへ出発《しゅっぱつ》しました。

ウィルバーの公開飛行《こうかいひこう》は、8月8日《がつようか》から始《はじ》まります。

その日《ひ》、ウィルバーの乗《の》ったライト・モデルA《エー》は、発進《はっしん》すると空高《そらたか》く上昇《じょうしょう》し、操縦《そうじゅう》にしたがって大《おお》きく左《ひだり》に回《まわ》り、離陸《りりく》した場所《ばしょ》にもどってくると、今度《こんど》は右《みぎ》にゆるやかに回《まわ》ってとびました。

会場《かいじょう》のル・マンに大歓声《だいかんせい》がわきおこりました。

これが、ライト兄弟《きょうだい》にとって、はじめての公式《こうしき》な公開飛行《こうかいひこう》です。

フランスだけでなくヨーロッパ中《じゅう》で、飛行機《ひこうき》を発明《はつめい》するはげしい競争《きょうそう》がくりひろげられていましたが、ライト・モデルA《エー》ほど質《しつ》の高《たか》い飛行機《ひこうき》は、まだだれも見《み》たことがありませんでした。

いっぽう、アメリカでは、バージニア州《しゅう》のフォートマイヤーで、オービルが飛行実験《ひこうじっけん》の準備《じゅんび》をしていました。ウィルバーが、フランスで成功《せいこう》したという知《し》らせは、オービルのもとにとどいていました。

(ウィル兄《にい》さんは、向《む》こうで大歓迎《だいかんげい》を受《う》け、ヨーロッパの飛行熱《ひこうねつ》はすごいものだと言《い》ってきている。それにくらべて、アメリカはずいぶんおくれていたが、いま、やっとそのチャンスがおとずれたのだ。）

政府《せいふ》の飛行実験《ひこうじっけん》は、9月3日《がつみっか》から始《はじ》まりました。見物人《けんぶつにん》は数百人《すうひゃくにん》ほどです。

オービルは、最初《さいしょ》は新《あたら》しい機械《きかい》になれないでいましたが、回《かい》を重《かさ》ねるごとに飛行時《ひこうじ》間《かん》をのばしていきました。

そして、9月《がつ》17日《にち》のことです。その日《ひ》は、よく晴《は》れていました。フォートマイヤーの広《ひろ》い原《はら》っぱには、2000人近《にんちか》くの人《ひと》がつめかけていました。

「あのきみょうな形《かたち》をした機械《きかい》が、ほんとうに空《そら》をとぶのだろうか。」

と、まだうたがっている人《ひと》もいました。

エンジンがうなり、機《き》はするするとすべりだし、やがて、ふわりとうきあがりました。

「おっ、とんだぞ。ほんとうにとんだぞ。」

オービルの操縦《そうじゅう》する飛行機《ひこうき》は、空高《そらたか》く上昇《じょうしょう》すると、ゆうゆうと原《はら》っぱの上空《じょうくう》を3回《かい》回《まわ》りました。オービルは、コースをすこし広《ひろ》げ、大《おお》きく回《まわ》って向《む》きをかえようとしました。

そのとき、後《うし》ろから小《ちい》さな音《おと》がしたように思《おも》えました。オービルは、ふりむいて確《かく》認《にん》しましたが、問題《もんだい》はなかったので、着陸《ちゃくりく》の準備《じゅんび》に入《はい》りました。

しかし、つづけてゴツンという音《おと》が2回鳴《かいな》り、機体《きたい》が大《おお》きくゆれたのです。観客《かんきゃく》たちは、飛行機《ひこうき》から、なにか部品《ぶひん》が落《お》ちるのを見《み》ました。オービルは機体《きたい》をもどすために、必死《ひっし》に操縦《そうじゅう》しました。けれども、飛行機《ひこうき》は、着陸《ちゃくりく》するまえに墜落《ついらく》してしまいました。

オービルは重傷《じゅうしょう》を負《お》い、同乗《どうじょう》していたセルフリッジ中尉《ちゅうい》は亡《な》くなりました。

オービルが退院《たいいん》できたのは、10月《がつ》になってからでした。事故《じこ》が起《お》きたとき、まっ先《さき》に妹《いもうと》のキャサリンがかけつけて、病院《びょういん》にずっとつきそっていました。

ウィルバーは、フランスでミシュラン杯《はい》を受《う》けて帰国《きこく》してから、オービルの分《ぶん》まで飛行機《ひこうき》の改良《かいりょう》をつづけていました。

翌年《よくとし》の7月《がつ》に、アメリカ政府《せいふ》はふたたび飛行実験《ひこうじっけん》を行《おこな》います。

事故《じこ》が起《お》きたものの、ライト兄弟《きょうだい》の飛行機《ひこうき》をしのぐ者《もの》はなかったのです。

ふたりは、新《あたら》しい飛行機《ひこうき》を完成《かんせい》させ、改良《かいりょう》を重《かさ》ねていどみました。

操縦者《そうじゅうしゃ》の席《せき》にすわったのは、オービルです。

7月《がつ》17日《にち》は、約《やく》17分間《ふんかん》、空《そら》をとびつづけ、見物人《けんぶつにん》たちをよろこばせることができました。

つづく7月《がつ》19日《にち》は、会場《かいじょう》の上空《じょうくう》を25回《かい》も回《まわ》りました。2回目《かいめ》は、28回《かい》にふえました。

そして、7月20日《がつはつか》には、空《そら》をとびつづけながら、3つの8の字《じ》をかいたり、300フィート（約《やく》90メートル）もの高《たか》さに上昇《じょうしょう》したりして、やがて、静《しず》かに着陸《ちゃくりく》しました。飛行時間《ひこうじかん》、1時間《じかん》20分《ぷん》45秒《びょう》。

オービルがおりたつと、

「わあっ。」

と、見物人《けんぶつにん》がいっせいにかけよってきました。なみだをうかべている新聞記者《しんぶんきしゃ》もいます。

「すばらしい、じつにすばらしい。」

長《なが》かった飛行実験《ひこうじっけん》が、7月《がつ》30日《にち》にようやく終《お》わり、アメリカ政府《せいふ》による、ライト兄弟《きょうだい》の飛行機《ひこうき》の買《か》い上《あ》げが決《き》まりました。

飛行機《ひこうき》の父《ちち》

ライト兄弟《きょうだい》の飛行実験《ひこうじっけん》は、アメリカ中《じゅう》を興奮《こうふん》のうずにまきこみ、ライト兄弟《きょうだい》のところに、飛行機械《ひこうきかい》の注文《ちゅうもん》があいついできました。

「兄《にい》さん、飛行機会社《ひこうきがいしゃ》をつくろう。」

オービルは、ヨーロッパからもどったウィルバーに相談《そうだん》しました。

「印刷屋《いんさつや》から自転車屋《じてんしゃや》へ、自転車屋《じてんしゃや》から飛行機屋《ひこうきや》へか。オーブ、いろいろなことがあったな。もちろん、この機《き》は、ぼくたちの命《いのち》だよ。やるとも。昨年《さくねん》ヨーロッパへ行《い》って、この仕事《しごと》が、これからますますさかんになることがわかったよ。」

こうして、「ライト会社《がいしゃ》」ができました。ときにウィルバー42歳《さい》、オービル38歳《さい》でした。

ふたりは、懸命《けんめい》にはたらきました。

まねかれれば、キャサリンもつれて、ふたたびヨーロッパへ行《い》き、フランス・ドイツ・イタリアなどの各地《かくち》をまわって、航空学校《こうくうがっこう》を開《ひら》いて教《おし》えたり、飛行大会《ひこうたいかい》を開催《かいさい》したりして、ひとりでも多《おお》くの人《ひと》に、飛行機《ひこうき》のことを知《し》ってもらおうと努力《どりょく》しました。

イギリスやスペインの王《おう》にも会《あ》いました。

そんなときのつきものは、はなやかな宴会《えんかい》です。さまざまな人《ひと》が、入《い》れかわり立《た》ちかわり、握手《あくしゅ》をもとめてきました。道《みち》を歩《ある》いていると、

「ライト、ライト。」

とさけびながら、子《こ》どもたちが追《お》いかけてきます。

もともと社交《しゃこう》が苦手《にがて》な兄弟《きょうだい》は、これには、閉口《へいこう》してしまいました。宿舎《しゅくしゃ》にもどると、思《おも》わずため息《いき》をついて、言《い》うのでした。

「やっぱりぼくたちは、格納庫《かくのうこ》の中《なか》で油《あぶら》にまみれて、こつこつ機械《きかい》をいじっているときが、いちばん幸《しあわ》せだな。」

でも、もうライト兄弟《きょうだい》は、世界《せかい》の空《そら》の花形《はながた》です。自分《じぶん》たちだけで静《しず》かにしていたいと思《おも》っても、世《よ》の中《なか》がそうはさせません。

集《あつ》まってくる人《ひと》も、いい人間《にんげん》ばかりとはかぎりません。兄弟《きょうだい》の成功《せいこう》をねたむ者《もの》、金《かね》もうけをたくらむ者《もの》――。それらの人《ひと》びとに囲《かこ》まれて、神経《しんけい》がつかれてきました。とくに、考《かん》え深《ぶか》いウィルバーには、人一倍《ひといちばい》それがいやでなりませんでした。

アメリカに帰《かえ》ってきても、このようなわずらわしさは同《おな》じことで、ウィルバーは、ときどきぐちをこぼしました。

「ああ、一心《いっしん》に発明《はつめい》にかかっていたときがなつかしいなあ。あのときは、なにもかもが楽《たの》しかったが、飛行《ひこう》に成功《せいこう》してからは、すべてがわずらわしいことの種《たね》になってしまったよ。」

しかし、気《き》の強《つよ》いオービルは、

「兄《にい》さん、そういったものでもないよ。考《かんが》えてみると、ぼくたちは、発明家《はつめいか》のなかでも、むくわれているほうだよ。世《よ》の中《なか》の多《おお》くの発明家《はつめいか》は、金《かね》も、名誉《めいよ》も、どちらも手《て》に入《い》れないで、うずもれてしまっているんだからね。」

などと言《い》って、なぐさめたり、はげましたりしました。

ウィルバーの健康《けんこう》は、どうもすぐれないようでしたが、1912年《ねん》5月《がつ》のはじめ、チフスにかかって、オービルやキャサリンの心《こころ》のこもった看護《かんご》もむなしく、5月《がつ》30日《にち》に世《よ》を去《さ》りました。まだ働《はたら》きざかりの45歳《さい》でした。

一生《いっしょう》のあいだ、結婚《けっこん》することもなく、また、

「自分《じぶん》の浴室《よくしつ》がほしい。それがわたしの望《のぞ》みのすべてさ。」

といった、そのささやかな願《ねが》いをはたすこともなく。

ウィルバーの死《し》で、いちばんがっかりしたのは、なんといっても、弟《おとうと》のオービル

でした。

(子《こ》どものときからなかよしで、どんなときにもいっしょに力《ちから》を合《あ》わせ、心《こころ》から話《はな》しあってきたウィル兄《にい》さん。その兄《にい》さんは、もういないのだ。)

と思《おも》うと、体中《からだじゅう》の力《ちから》がぬけたようになりました。

仕事《しごと》をつづけていく元気《げんき》もなくなったオービルは、ウィルバーといっしょにたてたライト会社《がいしゃ》も人《ひと》にゆずって、デートン市《し》のホーソーン街《がい》の家《いえ》に引《ひ》っこんでしまいました。

ここは、さまざまな思《おも》い出《で》がしみこんでいる家《いえ》です。お母《かあ》さんに教《おし》えられて、ウィルバーといっしょにつくったそり、ウィルバーの大《おお》けが、インキで顔《かお》をまっ黒《くろ》にしてすった新聞《しんぶん》……。それらが、昨日《きのう》のことのように、つぎつぎにうかんできます。

1914年《ねん》の夏《なつ》、第一次世界大戦《だいいちじせかいたいせん》が始《はじ》まりました。はじめて空中戦《くうちゅうせん》が行《おこな》われ、世界《せかい》の主《おも》な国々《くにぐに》は、その国《くに》のお金《かね》と知識《ちしき》とをかたむけて、飛行機《ひこうき》を改良《かいりょう》し、たくさんつくることに、懸命《けんめい》になりました。

「ライトさん、もう、飛行機《ひこうき》はつくらないのですか。」

たずねられても、オービルはただ、静《しず》かに首《くび》をふるだけでした。

時代《じだい》は、ライト兄弟《きょうだい》がはじめての飛行《ひこう》に成功《せいこう》したころからくらべれば、5倍《ばい》も、10倍《ばい》もの速《はや》さで進《すす》んでいるのでした。

(もう、わたしの出《で》る幕《まく》ではない。)

オービルは、そう心《こころ》に決《き》めているようでした。

発明家《はつめいか》の運命《うんめい》とは、そうしたものなのではないでしょうか。

このホーソーン街《がい》の家《いえ》で、お父《とう》さんのミルトン・ライト牧師《ぼくし》も、1917年《ねん》に亡《な》くなりました。お母《かあ》さんにくらべて、このお父《とう》さんは、ライト兄弟《きょうだい》の発明《はつめい》に、あまり力《ちから》をかさなかったように思《おも》われるかもしれません。しかし、神《かみ》をうやまうつつましい心《こころ》と、くらし方《かた》を身《み》をもってしめしたこと、あのおもちゃのヘリコプターのおみやげが、ふたりの心《こころ》に空《そら》へのあこがれの火《ひ》をつけたことを、わすれてはならないでしょう。

また、妹《いもうと》のキャサリンは、1926年《ねん》に結婚《けっこん》して、ホーソーン街《がい》の家《いえ》を去《さ》りましたが、3年《ねん》ののち、肺炎《はいえん》にかかって亡《な》くなりました。お母《かあ》さんの死《し》んだあと、家《いえ》の中《なか》の仕事《しごと》をひとりで引《ひ》きうけ、兄《あに》たちの発明《はつめい》を助《たす》けたことは、あまり目立《めだ》ちませんが、これまた、陰《かげ》の大《おお》きな力《ちから》として、わすれてはならないでしょう。

1932年《ねん》、静《しず》かにくらしているオービルのところに、1通《つう》の手紙《てがみ》がとどきました。

「アメリカ政府《せいふ》は、きたる12月《がつ》17日《にち》、あなたがはじめて飛行機《ひこうき》をとばしたときから29年目《ねんめ》を記念《きねん》して、キティホークに飛行記念碑《ひこうきねんひ》をたてることになりました。ぜひ、おいでください。」

オービルは、よろこんで出《で》かけました。

何十年《なんじゅうねん》ぶりに見《み》るキティホークは、あいかわらず海《うみ》から強《つよ》い風《かぜ》がふきつけ、打《う》ちよせる波《なみ》のひびきのなかで、かもめがさびしく舞《ま》っていました。

「ウィル兄《にい》さん……。」

WILBUR
WRIGHT
ORVILLE
WRIGHT

61歳《さい》のオービルは、大《おお》きなみかげ石《いし》でつくられた記念碑《きねんひ》をあおぎながら、よびかけました。

「オーブ。」

どこからか、なつかしい声《こえ》が聞《き》こえてくるような気《き》がしました。オービルの目《め》には、みるみる熱《あつ》いなみだがあふれてきました。

その顔《かお》をひとつの影《かげ》が、かすめていきました。オービルは目《め》をあげて、その影《かげ》を追《お》いました。1羽《わ》のかもめでした。オービルには、それがあの飛行機械《ひこうきかい》1号《ごう》のように見《み》えました。翼《つばさ》には、はらばいになって手《て》をふっている兄《あに》ウィルバーの姿《すがた》が……。

「とんだぞ、オーブ、ぼくたちはとんだぞ。」

また、どこからか、そんな声《こえ》が聞《き》こえてきたような気《き》がしました。

オービルは、それから15年《ねん》ほどたった1948年《ねん》1月《がつ》30日《にち》、76歳《さい》で、静《しず》かに一生《いっしょう》を終《お》えました。

ライト兄弟《きょうだい》は、「飛行機《ひこうき》の父《ちち》」といわれています。ふたりがはじめて空《そら》をとんだ飛行機《ひこうき》「ライト・フライヤー」は、ワシントンのスミソニアン博物館《はくぶつかん》に展示《てんじ》されています。いま見《み》るとそれは、大《おお》きなおもちゃのようなものかもしれません。しかし、ジェット機《き》、ロケット、人工衛星《じんこうえいせい》、宇宙旅行《うちゅうりょこう》へと、かぎりなく進《すす》んできた空《そら》への道《みち》を、はじめて切《き》りひらいた、その偉大《いだい》な発明《はつめい》は、はかりしれないほど大《おお》きくかがやいています。

（終《お》わり）

本書《ほんしょ》は講談社火《こうだんしゃひ》の鳥伝記文庫《とりでんきぶんこ》『ライト兄弟《きょうだい》』（1981年《ねん》11月《がつ》19日初版《にちしょはん》）を底本《ていほん》に、新《あたら》しい資《し》料《りょう》に基《もと》づいて内容《ないよう》の改訂《かいてい》を行《おこな》い、一部《いちぶ》の文字《もじ》づかい、表現《ひょうげん》などを読《よ》みやすくあらためたものです。

ライト兄弟《きょうだい》の年表《ねんぴょう》

年代《ねんだい》	年齢《ねんれい》 兄《あに》	年齢《ねんれい》 弟《おとうと》	できごと	世《よ》の中《なか》の動《うご》き
1867（慶応《けいおう》3）	0		4月《がつ》16日《にち》、ウィルバー・ライトがインディアナ州《しゅう》のミルビルで生《う》まれる。	
1869（明治《めいじ》2）	2		ライト一家《いっか》がオハイオ州《しゅう》のデートン市《し》にうつる。	
1871（明治《めいじ》4）	4	0	8月《がつ》19日《にち》、弟《おとうと》オービルが生《う》まれる。	
1874（明治《めいじ》7）	7	3	妹《いもうと》キャサリンが生《う》まれる。	
1878（明治《めいじ》11）	11	7	父《ちち》からおもちゃのヘリコプターをもらう。	
1881（明治《めいじ》14）	14	9	6月《がつ》、インディアナ州《しゅう》リッチモンド市《し》へうつる。	
1884（明治《めいじ》17）	17	13	ふたたびデートン市《し》にうつる。	
1886（明治《めいじ》19）	19	14	オービルが友人《ゆうじん》と手刷《てず》りの新聞《しんぶん》を発行《はっこう》する。	
1889（明治《めいじ》22）	21	17	ウィルバーが編集長《へんしゅうちょう》、オービルが発行者《はっこうしゃ》で新聞《しんぶん》『西部《せいぶ》のニュース』を発行《はっこう》。母《はは》が亡《な》くなる。	ドイツ人《じん》リリエンタールが翼型《よくがた》の研究報告《けんきゅうほうこく》を出版《しゅっぱん》。
1891（明治《めいじ》24）				リリエンタールがグライダーで初飛行《はつひこう》。

1892（明治《めいじ》25）	25	21	デートン市《し》で自転車屋《じてんしゃや》を始《はじ》める。	
1896（明治《めいじ》29）	29	25	オービル、腸《ちょう》チフスにかかる。航空《こうくう》にかんすることを勉強《べんきょう》しはじめる。	
1899（明治《めいじ》32）	32	27	紙箱《かみばこ》にヒントを得《え》て、翼端《よくたん》をねじって左右《さゆう》の安定《あんてい》をとる案《あん》を立《た》てる。	
1900（明治《めいじ》33）	33	29	キティホークで、第《だい》1号《ごう》グライダーを試乗《しじょう》。	パリ万国博覧会開催《ばんこくはくらんかいかいさい》。
1901（明治《めいじ》34）	34	29	7月《がつ》、第《だい》2号《ごう》グライダーを製作《せいさく》。10月《がつ》、風洞《ふうどう》で翼《よく》の研究《けんきゅう》をし、リリエンタールの出《だ》した数《すう》値《ち》を直《なお》す。	
1902（明治《めいじ》35）	35	31	第《だい》3号《ごう》グライダーで滑空術《かっくうじゅつ》をおぼえる。	
1903（明治《めいじ》36）	36	32	ガソリンエンジンつきの飛行機《ひこうき》をつくり、12月《がつ》17日《にち》、とぶ。世界最初《せかいさいしょ》の動力飛行《どうりょくひこう》に成功《せいこう》。	
1905（明治《めいじ》38）	38	34	10月《がつ》5日《いつか》、39分《ふん》の滞空記録《たいくうきろく》をつくる。12月《がつ》、フランス人《じん》と飛行機売却交渉始《ひこうきばいきゃくこうしょうはじ》まる。	
1906（明治《めいじ》39）				フランスでヨーロッパ初《はつ》のサントス・デュモンの飛行機《ひこうき》とぶ。

1907（明治《めいじ》40）	40	35	5月《がつ》、ウィルバーがヨーロッパへ行《い》く。12月《がつ》、アメリカ政府《せいふ》、ふたり乗《の》り飛行機《ひこうき》の買《か》い入《い》れを表明《ひょうめい》。	
1908（明治《めいじ》41）	41	36	8月8日《がつようか》、ウィルバー、フランスで飛行《ひこう》に成功《せいこう》。9月《がつ》17日《にち》、オービル、バージニア州《しゅう》フォートマイヤーで飛行中《ひこうちゅう》に墜落《ついらく》する。12月《がつ》、ウィルバー、ミシュラン杯《はい》を受《う》ける。	
1909（明治《めいじ》42）	42	37	飛行家《ひこうか》カーチスを特許権侵害《とっきょけんしんがい》で告訴《こくそ》。ウィルバー、フランスで航空学校《こうくうがっこう》を開《ひら》く。オービル、ドイツにわたり、皇太子《こうたいし》を乗《の》せて飛行《ひこう》する。11月《がつ》、ライト会社《がいしゃ》を創立《そうりつ》。	フランスのブレリオが自作《じさく》の飛行機《ひこうき》で英仏海峡横断《えいふつかいきょうおうだん》に成功《せいこう》。
1910（明治《めいじ》43）				日本初《にほんはつ》、飛行機《ひこうき》とぶ。
1911（明治《めいじ》44）	44	40	10月《がつ》、オービル、グライダーで9分《ふん》45秒《びょう》の滞空時間世界新記録《たいくうじかんせかいしんきろく》を樹立《じゅりつ》。	
1912（大正《たいしょう》1）	45	40	5月《がつ》30日《にち》、ウィルバー亡《な》くなる。	
1914（大正《たいしょう》3）		42	米連邦訴訟裁判所《べいれんぼうそしょうさいばんしょ》からカーチスに対《たい》する特許訴訟勝訴《とっきょそしょうしょうそ》の判決《はんけつ》。	第一次世界大戦起《だいいちじせかいたいせんお》こる。

1915（大正《たいしょう》4）	44	オービル、ライト会社《がいしゃ》を売却《ばいきゃく》。	
1917（大正《たいしょう》6）	45	父《ちち》、88歳《さい》で亡《な》くなる。	
1928（昭和《しょうわ》3）	56	ライト・フライヤーをイギリスの科学博物館《かがくはくぶつかん》（ロンドン）に送《おく》る。	
1929（昭和《しょうわ》4）	57	妹《いもうと》キャサリン、肺炎《はいえん》で亡《な》くなる。	ツェッペリン飛行船《ひこうせん》、世《せ》界《かい》一周《しゅう》に成功《せいこう》。
1932（昭和《しょうわ》7）	61	キティホークに飛行記念碑《ひこうきねんひ》がたてられる。オービルは除幕式《じょまくしき》に出《で》る。	
1939（昭和《しょうわ》14）			第二次世界大戦《だいにじせかいたいせん》起《お》こる。ドイツで世界初《せかいはつ》のジェット機《き》、飛行《ひこう》に成功《せいこう》。
1943（昭和《しょうわ》18）	72	ワシントンで大統領主催《だいとうりょうしゅさい》の「ライト兄弟飛行《きょうだいひこう》40年記念祝賀会《ねんきねんしゅくがかい》」開《ひら》かれる。	
1948（昭和《しょうわ》23）	76	1月《がつ》30日《にち》、オービル亡《な》くなる。ライト・フライヤーがアメリカに返《かえ》され、スミソニアン博《はく》物館《ぶつかん》に陳列《ちんれつ》される。	

飛《ひ》行《こう》機《き》開《かい》発《はつ》をめぐる勇《ゆう》者《しゃ》たち

航空学《こうくうがく》の父《ちち》

ケイリー

1773－1857年《ねん》

イギリスの貴族《きぞく》の家《いえ》に生《う》まれ、工学者《こうがくしゃ》となり、飛行機《ひこうき》の研究《けんきゅう》に一生《いっしょう》をささげた。

かれが9歳《さい》だった1783年《ねん》、人類《じんるい》ははじめて熱気球《ねつききゅう》で空《そら》へあがった。しかし、熱《ねつ》気球《ききゅう》は風《かぜ》まかせで、「鳥《とり》のように自由《じゆう》に空《そら》をとびたい」という願《ねが》いにはほど遠《とお》かった。

当時《とうじ》は、動力《どうりょく》を使《つか》ってとぶとなると、鳥《とり》のように羽《はね》をバタバタさせるアイディアしかなかった。しかし、ケイリーは考《かんが》えた。「翼《よく》をしっかりと機体《きたい》に固定《こてい》し、前《まえ》に進《すす》む力《ちから》によって、翼《よく》に揚力《ようりょく》（上《うえ》におしあげる力《ちから》）を生《う》む方法《ほうほう》があるのではないだろうか。」

実験《じっけん》でそのことをたしかめ、さらに、翼《よく》に反《そ》りをつければ、平《たい》らな板《いた》より大《おお》きな揚《よう》力《りょく》が得《え》られることを発見《はっけん》した。これは、いまの飛行機《ひこうき》の基本的《きほんてき》なしくみだ。そして1849年《ねん》に、有人《ゆうじん》グライダー飛行《ひこう》に成功《せいこう》。しかし、この時代《じだい》には、ライト兄弟《きょうだい》が使《つか》ったようなエンジンがなく、グライダーに動《どう》力《りょく》を積《つ》んでとばすことはできなかった。

飛行《ひこう》のための
科学的《かがくてき》データを収集《しゅうしゅう》

ラングレー

1834-1906年《ねん》

ライト兄弟《きょうだい》の、動力《どうりょく》つき飛行機初飛行《ひこうきはつひこう》から10年《ねん》ほどさかのぼった、19世紀《せいき》の終《お》わりごろは、世界中《せかいじゅう》で飛行機《ひこうき》の研究《けんきゅう》がさかんだった。科学者《かがくしゃ》や発明家《はつめいか》たちが、飛行《ひこう》レースのスタート地点《ちてん》に、横一線《よこいっせん》にならんでいて、だれが勝《か》ってもおかしくない時代《じだい》をむかえていたのだ。

そういった初飛行《はつひこう》を目指《めざ》す人《ひと》びとのなかに、ラングレーもいた。かれはアメリカ生《う》まれの物理学者《ぶつりがくしゃ》で天文学者《てんもんがくしゃ》。飛行機《ひこうき》に興味《きょうみ》をもつと、空気力学《くうきりきがく》についての科学的《かがくてき》な研究《けんきゅう》を始《はじ》める。ゴム動力《どうりょく》の模型飛行機《もけいひこうき》や、グライダーをつくったあと、1887年《ねん》には、直径《ちょっけい》18メートルもある巨大《きょだい》な回転《かいてん》アーム実験装置《じっけんそうち》をつくった。アームを飛行機《ひこうき》の翼《よく》に見立《みた》て、勢《いきお》いよく回転《かいてん》させることで、飛行機《ひこうき》のスピードと、うきあがる力《ちから》の関係《かんけい》を調《しら》べたのだ。

その研究《けんきゅう》のデータは本《ほん》にまとめられ、ライト兄弟《きょうだい》も参考《さんこう》にした。ラングレー自身《じしん》は、人間《にんげん》が乗《の》った飛行機《ひこうき》での飛行《ひこう》を成功《せいこう》させることはできなかったが、功績《こうせき》をたたえられ、「ラングレー・メダル」賞《しょう》が設立《せつりつ》された。その第《だい》1回受賞者《かいじゅしょうしゃ》は、ライト兄弟《きょうだい》である。

リリエンタール

元祖《がんそ》「鳥人間《とりにんげん》」

１８４８－１８９６年《ねん》

ドイツ人《じん》の機械製作者《きかいせいさくしゃ》。いまのハンググライダーとほぼ同《おな》じもので、飛行実験《ひこうじっけん》をくりかえし、人《ひと》が空《そら》をとべることをしめした。ライト兄弟《きょうだい》をはじめ、飛行機《ひこうき》づくりを目指《めざ》す人《ひと》たちは、これに勇気《ゆうき》づけられた。

リリエンタールは、コウノトリのとび方《かた》を観察《かんさつ》し、翼《よく》のアーチの形《かたち》が揚力《ようりょく》を生《う》むことに気《き》づく。そして、人《ひと》が乗《の》れるような大《おお》型《がた》のグライダーをつくった。

１８９１年《ねん》から、自分自身《じぶんじしん》が乗《の》り、飛行《ひこう》実験《じっけん》を始《はじ》める。最初《さいしょ》は自然《しぜん》の丘《おか》を利用《りよう》して、高《たか》いところから助走《じょそう》をつけてとびたったが、１８９４年《ねん》にはベルリンの郊外《こうがい》に高《たか》さ15メートルの円《えん》すい形《けい》の丘《おか》をつくり、そこからとびおりた。あらゆる方向《ほうこう》にとべるので、風向《かざむ》きを気《き》にする必要《ひつよう》がなかった。

およそ5年間《ねんかん》にとんだ回数《かいすう》は２０００回《かい》以上《いじょう》、もっとも長《なが》くとんだ距離《きょり》は２５０メートル。全部《ぜんぶ》の飛行時間《ひこうじかん》を合《あ》わせると、5時間《じかん》におよんだ。当時《とうじ》は大記録《だいきろく》である。しかし、１８９６年《ねん》の8月《がつ》、突風《とっぷう》のために機体《きたい》が失速《しっそく》し、墜落《ついらく》して命《いのち》をうしなった。かれの死《し》をきっかけに、ライト兄弟《きょうだい》は本格《ほんかく》的《てき》に飛行機《ひこうき》づくりにとりくむようになる。

動力《どうりょく》飛行機《ひこうき》の
実現《じつげん》を予言《よげん》

シャヌート

1832－1910年《ねん》

フランス系《けい》アメリカ人《じん》の航空技術者《こうくうぎじゅつしゃ》。翼《よく》の枚数《まいすう》のちがう多様《たよう》な形《かたち》のグライダーをつくり、有人飛行《ゆうじんひこう》を1000回《かい》も行《おこな》った。

ほかの飛行機研究家《ひこうきけんきゅうか》のデータを広《ひろ》く集《あつ》めて、動力《どうりょく》つきの飛行《ひこう》が実現《じつげん》する条件《じょうけん》は、すでにそろっていると考《かんが》え、『飛行機《ひこうき》の進歩《しんぽ》』という本《ほん》を1894年《ねん》に出版《しゅっぱん》した。この本《ほん》は、ライト兄弟《きょうだい》をはじめ、飛行機《ひこうき》の開発《かいはつ》を目指《めざ》す人《ひと》びとに、広《ひろ》く読《よ》まれた。

まぼろしの
有人動力飛行《ゆうじんどうりょくひこう》

ピルチャー

1866－1899年《ねん》

イギリス人《じん》の発明家《はつめいか》。ハンググライダーで、リリエンタールと同《おな》じ、飛行距離《ひこうきょり》250メートルの記録《きろく》をつくった。1899年《ねん》に、動力飛行《どうりょくひこう》を目指《めざ》し、エンジンつき飛行《ひこう》機《き》を完成《かんせい》させる。デモ飛行《ひこう》をしようとしたが、エンジンの故障《こしょう》のため、かわりにグライダーでとんだところ、機体《きたい》の一部《いちぶ》がこわれ、墜落《ついらく》して死亡《しぼう》。故障《こしょう》がなければ、ライト兄弟《きょうだい》の先《さき》をこしていたかもしれない。

飛行機《ひこうき》づくりの
わかき天才《てんさい》

ペノー

1850-1880年《ねん》

フランスのパリ生《う》まれ。軍人《ぐんじん》の家《いえ》に生《う》まれたが、病気《びょうき》のため父《ちち》のあとをつぐことはできず、飛行機《ひこうき》の研究《けんきゅう》に打《う》ちこんだ。21歳《さい》のとき、「プラノフォア」というゴムをまいて、もどるときの力《ちから》でプロペラを回《まわ》す模型《もけい》飛行機《ひこうき》をつくった。飛行《ひこう》時間《じかん》は11秒《びょう》、約《やく》40メートルとんだ。これは、実際《じっさい》にとんだ、世界初《せかいはつ》の動力《どうりょく》模型《もけい》飛行機《ひこうき》だった。

そのほか、同《おな》じようにゴムを使《つか》った、動《どう》力式《りょくしき》竹《たけ》とんぼのようなヘリコプターもつくっている。ライト兄弟《きょうだい》はおさないころに、これで遊《あそ》んだことがあったが、当時《とうじ》はまだ、ヘリコプターというものを、だれもイメージすることができなかった。ライト兄弟《きょうだい》もバット（コウモリ）のおもちゃだと思《おも》っていたようだ。

ペノーも、人《ひと》が乗《の》る飛行機《ひこうき》を目指《めざ》していて、ふたり乗《の》りの水陸両用機《すいりくりょうようき》を設計《せっけい》した。操縦《そうじゅう》のための装置《そうち》など、その後《ご》つくられる飛行機《ひこうき》の重要《じゅうよう》な部分《ぶぶん》が、多《おお》く組《く》みこまれていたが、時代《じだい》はまだかれの頭脳《ずのう》に追《お》いついていけなかった。まわりの理解《りかい》も資金《しきん》も得《え》られず、その飛行機《ひこうき》が実際《じっさい》につくられることはなかった。

ライト兄弟《きょうだい》の
最大《さいだい》のライバル

カーチス

1878－1930年《ねん》

アメリカ東部《とうぶ》の生《う》まれ。父親《ちちおや》を早《はや》くに亡《な》くし、一家《いっか》の生活《せいかつ》が苦《くる》しかったので、高校《こうこう》を卒業《そつぎょう》してまもなく、賞金《しょうきん》をかせぐために、自転車競技《じてんしゃきょうぎ》の選手《せんしゅ》となった。20歳《さい》での結婚《けっこん》を機《き》に、自転車店《じてんしゃてん》を開《ひら》き、その後《ご》、オートバイをつくって売《う》るようになる。

オートバイのエンジンも自分《じぶん》で開発《かいはつ》し、1905年《ねん》には、時速《じそく》103キロメートルのスピード世界記録《せかいきろく》を打《う》ちたて、1907年《ねん》には、さらに大型《おおがた》のオートバイで、時速《じそく》約《やく》220キロメートルを記録《きろく》した。こうして、小型《こがた》でパワーの出《だ》せるガソリンエンジンづくりの第一人者《だいいちにんしゃ》となったカーチスは、飛行機《ひこうき》づくりに情熱《じょうねつ》をかたむける。

そして、ライト兄弟《きょうだい》におくれること5年《ねん》、1908年《ねん》の7月《がつ》、「ジューン・バグ」という名《な》の飛行機《ひこうき》をとばすことに成功《せいこう》。動力《どうりょく》つきの飛行機《ひこうき》でとんだ、アメリカ人《じん》ではライト兄弟《きょうだい》に次《つ》ぐ人物《じんぶつ》となった。

ライト兄弟《きょうだい》から、翼《よく》のつくりをまねているとうったえられ、裁判《さいばん》にまでなったが、やがて仲直《なかなお》りする。その後《ご》、戦艦《せんかん》から離着陸《りちゃくりく》する軍用機《ぐんようき》や、飛行艇《ひこうてい》をつくるなど、飛行機《ひこうき》の発展《はってん》につくした。

著者紹介
富塚　清　とみづか きよし
機械工学者。1893年、千葉県生まれ。東京帝国大学工学部機械工学科卒業。内燃機関と2サイクルエンジン研究に関する権威で、東京帝国大学教授、明治大学教授などを歴任。著書に『機械工学概論』『交通機械工学』『ある科学者の戦中日記』『動力の歴史』『日本のオートバイの歴史 二輪車メーカーの興亡の記録』『ライト兄弟 大空への夢を実現した兄弟の物語』など。1988年死去。

画家紹介（カバー絵、本文さし絵）
五十嵐大介　いがらし だいすけ
漫画家。1969年埼玉県生まれ。多摩美術大学美術学部絵画学科卒業。1993年に「月刊アフタヌーン」でデビュー。『魔女』で第8回文化庁メディア芸術祭マンガ部門優秀賞、『海獣の子供』で第13回同賞と第38回日本漫画家協会賞優秀賞受賞。著書に『そらトびタマシイ』『五十嵐大介画集 海獣とタマシイ』、装画の仕事に『島はぼくらと』（辻村深月）、『天《あめ》と地《つち》の方程式 1 ～ 3』（富安陽子）など多数。

監修――――――――藤田俊夫《ふじたとしお》（航空史&航空書籍研究家）
人物伝執筆――――――八重野充弘《やえのみつひろ》
人物伝イラスト―――――光安知子《みつやすともこ》
口絵写真（肖像）―――The Bridgeman Art/アフロ
編集――――――――オフィス303

講談社 火の鳥伝記文庫　8

ライト兄弟《きょうだい》（新装版《しんそうばん》）

富塚《とみづか》　清《きよし》 文

1981年11月19日　第1刷発行
2015年9月4日　第37刷発行
2017年10月18日　新装版第1刷発行

発行者――――――鈴木　哲
発行所――――――株式会社 講談社
東京都文京区音羽2-12-21　郵便番号112-8001
電話　編集（03）5395-3536
販売（03）5395-3625
業務（03）5395-3615

ブックデザイン―――祖父江 慎＋福島よし恵（コズフィッシュ）
印刷・製本――――図書印刷株式会社
本文データ制作――講談社デジタル製作

N.D.C. 289　214p　18cm
Printed in Japan
ISBN978-4-06-149921-8

講談社《こうだんしゃ》 火《ひ》の鳥伝記文庫《とりでんきぶんこ》 新装版《しんそうばん》によせて

火《ひ》の鳥《とり》は、世界中《せかいじゅう》の神話《しんわ》や伝説《でんせつ》に登場《とうじょう》する光《ひかり》の鳥《とり》です。灰《はい》のなかから何度《なんど》でもよみがえり、永遠《えいえん》の命《いのち》をもつといわれています。

伝記《でんき》に描《えが》かれている人々《ひとびと》は、人類《じんるい》や社会《しゃかい》の発展《はってん》に役立《やくだ》つすばらしい成果《せいか》を後世《こうせい》に残《のこ》した人々《ひとびと》です。みなさんにとっては、遠《とお》くまぶしい存在《そんざい》かもしれません。

しかし、かれらがかんたんに成功《せいこう》したのではないことは、この本《ほん》を読《よ》むとよくわかります。

一生懸命《いっしょうけんめい》取《と》り組《く》んでもうまくいかないとき、自分《じぶん》のしたいことがわからないとき、そして将来《しょうらい》のことを考《かんが》えるとき、みなさんを励《はげ》ましてくれるのは、先《さき》を歩《ある》いていった先輩《せんぱい》たちの努力《どりょく》するすがたや、失敗《しっぱい》の数々《かずかず》です。火《ひ》の鳥《とり》はかれらのなかにいて、くじけずチャレンジする力《ちから》となったのです。

伝記《でんき》のなかに生《い》きる人々《ひとびと》を親《した》しく感《かん》じるとき、みなさんの心《こころ》のなかに火《ひ》の鳥《とり》が羽《は》ばたいて将来《しょうらい》への希望《きぼう》を感《かん》じられることを願《ねが》い、この本《ほん》を贈《おく》ります。

2017年《ねん》10月《がつ》

講談社《こうだんしゃ》

ライト兄弟　オービル・ライト（弟・左）とウィルバー・ライト（兄・右）

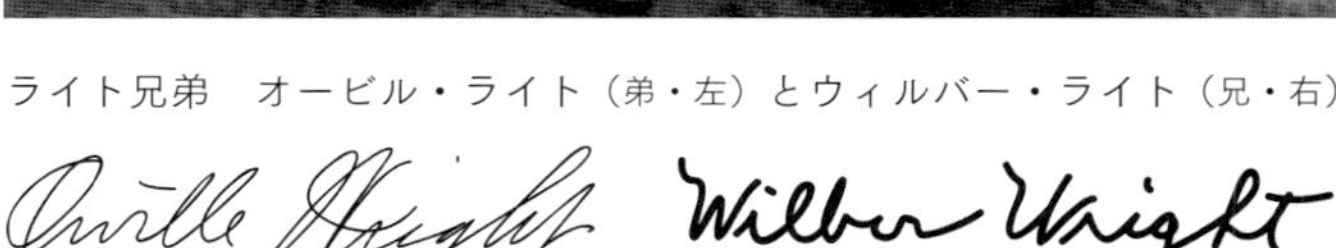